ÉTUDES

SUR LA

PROFESSION D'AVOCAT.

ÉTUDES

SUR LA

PROFESSION D'AVOCAT

PREMIÈRE ÉTUDE

EXERCICE DE L'ACTION DE L'AVOCAT POUR HONORAIRES

PAR

LACHAPELLE-MONTMOREAU,

AVOCAT.

DOUAI

LUCIEN CRÉPIN, ÉDITEUR

23, rue de la Madeleine.

1879.

AVANT-PROPOS.

I.

Toute peine mérite salaire. C'est le cri du bon sens ; allons jusqu'à dire c'est le cri même de la nature.

Le mot vient de loin, le mot tombe de haut. On lit, en effet, dans nos saints livres : « Vous ne lierez pas la bouche du bœuf qui foule vos moissons dans l'aire (1) » Les épitres de Saint-Paul sont devenues l'écho docile, l'écho autorisé de cette recommandation des livres de Moïse (2).

Et pourtant on se demande encore aujourd'hui si l'avocat a une action pour obtenir le paiement de ses honoraires ; ou du moins si, l'ayant, il en a le libre exercice.

Tous les peuples qui nous avoisinent sont unanimes pour l'affirmative. En France, on controverse néanmoins et c'est pourquoi nous courons ici à la solution du problème, en nous attachant à en écarter avec soin toutes les épines.

La lutte a commencé bien avant nous; voyons si elle est raisonnable ; en tous cas, cherchons à nous fixer et à déterminer exactement dans quel sens elle doit se vider de nos jours ; c'est nécessaire plus qu'en d'autres temps et d'autres lieux.

Remontons aux principes, interrogeons les traditions nationales et celles qui ont servi de type à nos anciens us. Ne forçons rien; n'exagérons rien, pas même les préceptes de morale et de délicatesse ; ne poussons pas jusqu'à la dernière limite, ni par delà surtout, les règles de convenance et les sentiments de haute dignité ; retenons dans de justes bornes les élans de l'honneur et jusqu'aux inspirations de l'exquise délicatesse. En d'autres termes, évitons tout écart et, s'agissant, non pas seulement d'un sacrifice à faire, mais bien de sacrifice à conseiller, à imposer aux

(1) Deutéronome XXV, 4.
(2) 1re Epître aux Corinthiens, IX, 9; 1re à Timothée, V, 18.

autres en leur dictant des règles arbitraires, ne nous reportons pas en arrière de notre siècle, vers des temps héroïques où la délicatesse, le désintéressement étaient les agents les plus actifs de toutes les âmes indistinctement, où l'exemple des vertus austères donné par les hommes d'élite, descendait dans toutes les couches sociales jusqu'aux plus basses, par une infiltration bienfaisante et rapide, pour les moraliser, pour les transformer; où le bienfait rendu rencontrait des cœurs reconnaissants, où l'honneur, ce *pivot de l'ancienne monarchie*, comme Montesquieu l'a si bien montré dans l'*Esprit des Lois*, était aussi le grand moteur des plus nobles actions dans la plus humble famille du royaume comme dans la plus grande; où la bonne foi régnait généralement dans les relations ordinaires de la vie et où enfin les mœurs, par leur salutaire et douce influence, dispensaient le plus souvent de recourir à des moyens rigoureux. Soyons de notre temps, et, au lieu de nier l'existence de droits certains, de les laisser tomber en mépris ou de souffrir qu'ils soient méconnus, occupons-nous de les défendre dans leur principe en tenant ferme dès les avant-postes; efforçons-nous d'en faire respecter l'autorité ébranlée, de la rétablir au besoin et d'en favoriser le légitime développement.

Remontons aux principes, ai-je dit, *mais n'exagérons rien, pas même les principes de morale* et *de délicatesse*. J'ajoute, tenons-nous en là; l'exagération du bien lui-même peut devenir un mal. Le point d'honneur n'est-il point né d'un sentiment exquis, élevé on peut dire au-dessus de la quatrième puissance? Que de philosophes; que d'hérésiarques ont péché par l'exagération même des principes chrétiens; combien ont gâté les maximes les plus saintes! Les socialistes modernes, en particulier, n'ont-ils pas altéré ainsi les préceptes d'une vertu toute divine, *la charité*? Ne sont-ils pas devenus en quelque sorte par là de véritables faussaires? Qu'on se rappelle le mot de réprobation adressé par le pape Grégoire XVI à l'abbé de Lamennais, quand, après s'être agenouillé au bas des marches de Saint-Pierre avec une humilité et une soumission apparentes, le tribun futur portait au pied du Saint-Père, pour les faire juger, ses théories orgueilleuses : « Monsieur, se contenta de lui dire le Saint-Père » avec une bienveillance excessive, vous êtes plus sage que les » sages!... »

Ainsi, l'auteur de *l'indifférence en matière de religion*, avant d'être le prêtre renégat, avait commencé à faillir en tombant dans l'exagération.

L'exagération dans les systèmes, c'est le trop qui gâterait les sauces chez Lucullus lui-même.

C'est l'exagération que nous venons combattre ici. Nous venons prétendre que l'avocat, ayant action pour le recouvrement de ses honoraires, peut la mettre en mouvement dans les cas extrêmes et soutenir qu'en usant, de l'action, avec tous les ménagements nécessaires, après avoir épuisé tous les délais, il ne manque, en agissant ainsi, à aucun devoir essentiel de sa profession.

Nous connaissons toutefois l'opinion contraire à la nôtre, son côté spécieux et ses aspects séduisants. Nous savons aussi quel est le nombre de ses partisans et leur incontestable valeur, à ce point que ce n'est pas sans crainte et sans un vrai saisissement, que nous engageons une discussion corps à corps avec des adversaires aussi redoutables.

Au moment où les difficultés apparaissent, commençons par des distinctions, qui ne mettront pas fin à la querelle sans doute; mais qui préviendront, j'espère, des malentendus et certaines équivoques : pour n'avoir à combattre que l'erreur, faisons la part du feu sur divers points.

Ainsi, disons, avec la loi 13, § 9, au code *de judiciis*, que *l'avocat doit plaider pour les gens pauvres gratuitement et qu'il ne doit pas déserter leur cause faute d'argent* ; mais faisons observer que, *pour les clients en état de payer*, *ils peuvent être forcés per executores negotiorum*, d'après la même loi. Nous dirons, avec Mornac (1) que l'*avocat ne doit pas retenir les pièces du client en retard*, *mais qu'il peut le poursuivre en paiement de ce qu'il doit*: *Petere enim eos apportere a curiâ ut solvat cliens quod debet.* Nous avouerons sans peine, avec Brodeau, *qu'on doit éprouver un profond sentiment de répugnance et de dégoût à poursuivre un ingrat*, mais écrions-nous avec lui, d'une voix indignée : « IL Y A BIEN PLUS DE HONTE, D'INDIGNITÉ, » D'INFAMIE, *de la part du client qui retient et refuse de payer* » *une récompense si juste et si légitime* et veut profiter injuste-

(1) Sur la loi 1, au digeste, *de extraord. cognitionibus* et *pars quator digestorum observationes in librum vigesimum*, p. 501, Paris, éd. in-f° de 1647.

» ment du travail de son avocat qui a eu soin de ses affaires » (souvent) pendant une longue suite d'années. (1) »

Un des premiers jurisconsultes du siècle et un des plus célèbres, Merlin (2), se plaçant au point de vue du barreau de Paris, épousant ses préjugés, et les présentant comme *les plus anciens usages du pays*, Merlin cherche à les greffer sur les usages de la vieille Rome, pour leur donner plus de poids.

D'autre part, l'auteur du *Manuel pratique de la chancellerie anglaise*, critiquant ces mêmes usages, exhale son mécontentement en ces termes : « Ce n'est qu'en France que les avocats » ayant conçu dès l'origine la ridicule prétention de représenter » les anciens patrons de Rome ont, à leur exemple, érigé en principe que « *le patronage de l'avocat devait être gratuit et* » *qu'il* DEVAIT TOUT AU PLUS SE CONTENTER D'OBLATIONS VOLONTAIRES » *que son client daignait lui offrir*, s'il n'était pas tout à fait » ingrat. Cette manière de voir est tout à la fois ridicule et in- » juste. Elle est *ridicule*, car il est évident que les avocats de » France, pas plus que ceux du reste de l'Europe ne sont pas les » continuateurs des patriciens de Rome, qui étaient des hommes » d'une tout autre importance. Elle est *injuste* car *toute peine* » *mérite salaire* et même pour les patriciens romains, il ne » faut pas croire que le patronage civil et politique fut entière- » ment gratuit (3). Pour se convaincre du contraire, *il suffirait* » *d'énumérer tous les droits utiles et honorifiques du patro-* » *nage, dont plusieurs même dans les états modernes, sont* » *devenues le type de plusieurs droits féodaux*. La profession » d'avocat exige de longues études, des travaux assidus. Elle ne » peut guère être exercée que par des hommes sans fortune, nés » avec d'heureuses dispositions et dont les parents s'épuisent à » leur donner de l'instruction en vue des succès qu'ils peuvent » obtenir un jour. Arrivés au terme de leurs études, *pourquoi* » *leur serait-il défendu d'exiger le juste tribut de leurs peines?* » il est fort commode aux riches, à ceux qui exercent les pro- » fessions les plus lucratives d'imposer ainsi à une classe d'hom-

(1) Brodeau, *Commentaire de la coustume de la prevosté et vicomté de Paris*, tome 2, p. 190 et s., 2me édition, in-f° de Paris, 1669.

(2) Merlin. *Répertoire*. V^r^ HONORAIRES.

(3) Me Grellet-Dumazeau, émet la même opinion et en démontre l'exactitude dans son livre *du Barreau Romain*. V^r^ ORIGINES *du* BARREAU ROMAIN *et* HONORAIRES, *passim*.

» mes instruits et laborieux l'obligation de travailler gratuitement » pour le reste de la Société (1)...... »

Et l'auteur cite l'exemple contraire de l'avocat de son pays, qui ne le céde en rien, d'après lui, ni pour les lumières, ni pour le mérite, ni pour la considération, à celui de France (2) « On » trouve très-naturel, ajoute-t-il, qu'après avoir exercé sa pro- » fession quelques années et suivi les assises des comtés, un » avocat illustre par une nombreuse clientèle *se retire avec une* » *grande fortune et entre ensuite à la Chambre des communes* » *où il consacre le reste de sa carrière à la défense des droits* » *publics. Il n'y a*, fait observer l'auteur en terminant, *qu'une* » *vanité ridicule, une fausse idée de grandeur, et un préjugé* » *encroûté qui puisse faire penser autrement* (3) ».

Quant à l'opinion de l'auteur, qu'il exprime au sujet de ce qu'a d'injuste la gratuité imposée aux avocats pauvres, c'est-à-dire au grand nombre des avocats, surtout dans les petits sièges, cette opinion semble empruntée à la Roche Flavin. Notre vieux jurisconsulte écrivait du temps de Henri IV, dans ce langage qui lui est propre, en *faveur de l'honoraire et contre la gratuité*. » Tant y a que c'est de longtemps un droit établi (le droit de » l'avocat a l'honoraire) comme dit Saint-Augustin, disant : » *Quod licet advocato vendere justum patrociniun et juriscon-* » *sultis justum consilium, quamvis non liceat judici vendere* » *justum judicium..... Id est pro labore impenso et operâ* » *prestitâ in consultando et postulando, licet quippiam licitum* » *accipere cum nemo teneatur maximè cum suo detrimento* » *alteri benificium conferre... Et quià operarius omnis* DIGNUS » EST MERCEDE SUA.... *Sed et postremo officium suum* NEMINI » DEBET ESSE DAMNOSUM.... ce que autrement adviendrait, ajoute » la Roche Flavin, si un jeune homme, après avoir consommé » vingt et cinq ans, plus ou moins de son aage et toute sa jeu- » nesse, le plus souvent tout son patrimoine ou de son père ou » une bonne partie d'icelui, pour se rendre capable de la profes- » sion *d'avocat, estait après contrainct d'employer le temps qui* » *lui reste pour plaider*, *consulter et escrire pour autrui gra-*

(1) *Manuel Patrice of the Chancery*, cité par Dupin aîné, t. 1er p. 697, *Profession d'avocat.*

(2) *Ibidem.*

(3) Ibidem.

» *tuitement*; *Ingratus enim est labor quem debita præmia fal-*
» *lunt* et vainement on aurait fait des lois par lesquelles il est
» permis aux avocats fils de famille, *habere peculium quasi*
» *castrense* ; (1) lequel procède du gain de sa profession d'avo-
» cat... ET QUE AU PARTIR DE LA IL FUST CONTRAINCT DE MENDIER AU
» DÉSHONNEUR DE TOUT L'ORDRE DES ADVOCATS et contre ce qui est
» dit : *leges in paupertate neminem sinere vivere*.....Et contre
» le proverbe *Dat Gallenus et opes et sanctio Justiniana* : *ex*
» *aliis paleas, ex istis collige grana.* A cause de quoy nos advo-
» cats de France *puis l'establissement des Parlements et aupa-*
» *ravant* sont EN POSSESSION IMMÉMORIALE DE POUVOIR DIRE *ce que*
» *C. Gracchus disait en son oraison rapporté par Aule Gelle*,
» lib. II, cap. IX et X. *Vos quirites si velitis sapientia at que*
» *virtute uti et si quæritis* NEMINEM NOSTRUM *invenietis sine pre-*
» *tio huc prodere : Omnes nos qui verba facimus, aliquid pe-*
» *timus* (2). »

Au sérieux, nous rechercherons avec la plus grande attention si l'exercice de l'action en paiement d'honoraires est, pour l'avocat, un droit conforme à la loi de notre pays, à la loi dans son esprit et dans toute sa pureté.

Pour en découvrir de plus en plus le sens caché, n'oublions pas ce mot d'un de nos plus savants et de nos plus profonds observateurs, de M. Laboulaye, le chef et le fondateur parmi nous de l'école historique ; il dit quelque part, dans son *Histoire du droit de propriété foncière en Occident*, je crois : « Le droit
» nouveau est, dans le droit ancien, *inclus comme le fruit l'était*
» *dans la fleur qui l'a produit.* »

Remontons au droit romain comme à la législation-mère qui régissait autrefois la moitié de notre France, c'est-à-dire tous les pays connus sous le nom de *Pays de droit écrit* ; nous l'interrogerons encore, s'il faut, comme loi complémentaire dans les *pays coutumiers*, dont le droit Romain formait jadis le riche appendice, en quelque sorte *le droit commun* suivant la remarque

(1) Honorius et Théodose assimilent les honoraires au pécule. Castrense. L. 4, *de advocat. div. judicior.*, au Code Justin, II, 7.

(2) De la Roche Flavin, *Treize livres des Parlements de France*, ch. IV, n° 19, p. 334 et s. Ed[on] in-4° de Genève, 1621.

d'un jeune érudit, Klimrath (1) : « Le droit Romain planait, » dit-il, au-dessus des coutumes comme une sorte de logique » universelle appliquée au droit ; on y trouvait des règles d'inter- » prétation, des *règles supplétives*, des analogies fécondes » (2) et il se plaignait même de l'empiètement qu'on lui faisait commettre au point « de s'en servir, *pour restreindre*, *pour altérer*, » *pour supplanter les coutumes.* » (3)

Nous verrons donc comment, avant de pénétrer en France, la législation de Rome traitait la question, soit avant, soit après Justinien.

En second lieu, comment la question a été traitée en France dans les deux zônes, avant le cataclysme de 93, comment elle se règle de nos jours et comment elle doit s'y régler à l'avenir, d'après nous.

C'est un vaste champ ouvert à notre activité, où peut s'exercer l'esprit de discernement et d'utile critique au profit de la science; cherchons à ramener, par la docte et sage théorie, la pratique dévoyée.

(1) Moissonné à la fleur de l'âge, il y a à peine quarante ans, le 31 août 1837.

(2) Klimrath, *Etudes sur les coutumes*, article publié dans la *Revue de législation et de jurisprudence*, tome 6, p. 198.

(3) Klimrath, *ibidem*, à la suite.

EXERCICE

DE

L'ACTION DE L'AVOCAT POUR HONORAIRES

PREMIÈRE PARTIE

SECTION Ire. — DROIT ROMAIN

§ 1er. — SOUS LA RÉPUBLIQUE.

I.—*Avant les XII tables.*

L'institution du patronat imposait, au *patron* et au *client*, des devoirs réciproques. Ceux imposés au premier, comprenaient *l'obligation de défendre gratuitement le second menacé dans sa vie, dans son honneur, ou dans sa fortune*.

Dans son livre du *barreau romain*, M. Grellet-Dumazeau n'en soutient pas moins que le ministère de la défense ne fut jamais exercé à Rome à titre gratuit dans toute l'acception du mot. Les services imposés aux clients par l'usage ou la convention étaient en effet côtés d'après lui à un taux excessif (1) et ceux des patrons étaient, on peut dire, surpayés par les services corrélatifs des premiers.

Quoi qu'il en soit, le patron ne fut pas toujours en position de remplir son rôle de protection : la mort, la maladie, l'absence, le

(1) Grellet-Dumazeau, *Barreau romain*, V. *Origines du Barreau* et *Honoraires, passim.*

défaut d'aptitude, son ignorance des affaires, obligèrent parfois le client à recourir à des hommes spéciaux ; de là, l'origine de l'avocat.

L'avocat au commencement était patricien (1).

II. — *Après les XII tables.*

Jusqu'à la confection et à la mise en vigueur de la loi des XII Tables, la législation, en dépôt dans sa caste, y resta mystérieuse et cachée sous un voile impénétrable ; mais, alors les plébéiens furent initiés à la science du droit et associés au rôle de la défense (2).

Le défenseur continua à prendre et à recevoir le nom de *patron* sans l'être ; le justiciable, fut en même temps *client;* appellations métaphoriques l'une et l'autre à partir du moment où les XII Tables parurent, ou peu après.

Malgré le changement de régime, l'avocat suppléant le patron d'abord à sa demande et pour l'obliger, dut le faire, à son instar, à titre gratuit ; mais, à mesure que le barreau s'organisa et devint une profession stable, la gratuité commença à s'effacer insensiblement et finit par disparaître.

Nous nous trompons ; sous la république où la popularité était un puissant instrument pour les ambitieux qui voulaient arriver aux honneurs et aux places dépendant de l'élection, des avocats riches exerçaient leur profession uniquement pour s'assurer des faveurs populaires pendant que d'autres se faisaient payer ; cependant, en principe, le droit à l'honoraire était hors de toute contestation. L'honoraire prit même un jour, à Rome, de telles proportions, qu'un tribun du peuple, Cincius, proposa au Sénat de prohiber les honoraires et jusqu'aux présents. La motion passa et devint loi ; de là, la loi appelée *Cincia*, du nom de son auteur, ou *de donis et muneribus*, indiquant par là son objet. La loi est de l'an 549, de la fondation de Rome.

Cette loi était un anachorisme, en opposition avec les mœurs du temps ; elle fut atteinte de discrédit dès son apparition et ne tarda pas à tomber en désuétude, si elle fut jamais appliquée ;

(1) *id Ibidem.*
(2) Grellet, *loc. citat.*

ce qui fait doute dans l'histoire du droit. M. Grellet Demazeau va en effet jusqu'à prétendre « quelle ne fut jamais rigoureusement » exécutée pas plus que les actes ultérieurs qui tentèrent de la » remettre en vigueur sans modification. (1)

Le texte s'en est en tous cas perdu et c'est à peine si l'intitulé s'en est conservé.

Aussi, des difficultés que l'on a soulevées pour le plaisir de la controverse, paraissent-elles insolubles la plupart.

On s'est demandé notamment si elle était applicable aux avocats en général? On est d'accord qu'elle comprenait tous ceux qui étaient revêtus de fonctions publiques, les *honorati*; mais certains pensent que les autres n'en étaient pas atteints.

Cicéron, qui faisait parade de désintéressement et se vantait d'observer la loi *Cincia* dans toute sa rigueur, Cicéron avouait en même temps qu'il avait accepté une *bibliothèque offerte par un ami*, après avoir consulté, sur la portée de la loi, un parent du nom du fameux tribun, héritier sans doute de ses archives domestiques, détenteur peut-être de l'exposé des motifs et des renseignements conservés sur l'esprit ou le sens de la loi (2). S'il n'avait jamais rien reçu de ses clients, on s'expliquerait toutefois difficilement la fortune colossale qu'avait le grand orateur, lui sorti des rangs du peuple.

Sous le règne de Trajan, nous rencontrons néanmoins un rare exemple de gratuité (3); c'est Pline-le-Jeune qui nous le donne, lui, le disciple de Quintilien, le fils adoptif de Pline l'ancien, son oncle, l'héritier de son immense fortune, intéressé du reste à se distinguer par sa générosité et ses largesses et à se faire, d'un sacrifice relativement léger, un marchepied pour arriver aux honneurs : « car, fait observer M. Grellet-Dumazeau, » il travaillait (en agissant ainsi) il travaillait pour sa gloire et » un salaire eût compromis ses intérêts au lieu de les servir. » Remarquons au surplus, ajoute-t-il, qu'il prend le soin de » nous faire savoir que, de *tous les avocats de son temps, il était* » *le seul à comprendre ainsi son minisière* (4). »

(1) Grellet-Dumazeau, *le barreau Romain*. Ch. VI, p. 128.
(2) Grellet, *loco citato*.
(3) Pline, Espit. V, 14; VI, 23 et 29.
(4) Grellet-Dumazeau le *Barreau romain*, ch. VI, p. 129.

La loi *Cincia*, si elle a été acceptée comme loi, a donc eu une existence très-problématique et fort éphémère. A en juger par les traces équivoques qu'elle a laissées sur le sol légal, on dirait vraiment qu'elle a été plutôt suivie à titre de conseil que subie comme loi. Tel parait être le sentiment de Grellet-Dumazeau.

Quoi qu'il en soit, la loi avait si bien perdu depuis longtemps toute sa force obligatoire si elle en a jamais eue, qu'il a été fait successivement plusieurs tentatives pour la faire remettre en vigueur ou pour la remplacer, en particulier, sous Auguste, sous Claude, sous Néron, sous Trajan et vers le temps de Septime-Sévère ; autant d'aveux des écarts qu'on reprochait au barreau à ces diverses époques et de l'impuissance des lois existantes pour y porter remède.

Tacite a conservé, dans ses *Annales*, le tableau animé des considérations présentées au Sénat, devant l'empereur Claude, pour et contre *la gratuité du ministère de l'avocat.* Celles qui étaient favorables au maintien des honoraires, en montrant le sort de la défense du client lié à la rétribution suffisante de son avocat, frappèrent surtout le bon sens de l'empereur qui, par son sage ecclectisme détermina les sénateurs à s'en tenir aux demi-mesures et à réprimer seulement les excès de la cupidité du barreau en lui imposant *cent écus d'or* pour maximum d'une plaidoirie. (1) Tel fut le système qui prévalut grâce à lui, telle fut la modification indroduite sous ce règne. (2)

L'illustre historien suppose que Néron, parvenu au pouvoir, malgré la vive opposition de la veuve de Claude qui travaillait au maintien de sa récente législation, se hâta de faire revivre les dispositions prohibitives de Cincius ; mais, déterminé par l'invraisemblance de l'abrogation, contredite du reste par un historien de la même époque (3) ; M. Grellet-Dumazeau rejette comme complétement inexact en ce point le récit de l'auteur des *Annales.* (4)

On ne peut du reste adopter un avis différent sans admettre en

(1) 100 sous d'or environ 3,464 fr. d'après Dalloz aîné (*Répert* V° *avocat* n° 242 2e alin.) 2,000 fr. seulement d'après d'autres. L'écart est considérable comme on voit.

(2) Tacite. *Annales.* Liv. XI.

(3) Suétone, *in Neronem.*

(4) Grellet-Dumazeau; VI.

même temps que, s'il a paru un sénatus-consulte dans le sens de la loi Cincia, ce sénatus-consulte n'était pas né viable et qu'il n'a pas reçu d'application.

§ II. — SOUS L'EMPEREUR JUSTINIEN.

Nous arrivons enfin au temps de Justinien.

Ce prince législateur eut le bonheur de voir surgir autour de lui de nombreux jurisconsultes, le talent de les utiliser et l'occasion d'illustrer les plus dignes en leur prodiguant ses faveurs, pendant qu'ils contribuèrent à leur tour à immortaliser son règne.

En 533 et 534, il donna, au monde Romain, son corps de lois, ce corps de lois dont l'autorité tient encore, au moins comme raison écrite, une si grande place dans l'univers tout entier.

Entr'autres dispositions, nous trouvons dans son code une loi qui émane du prince lui-même ; c'est la loi 13, § 9, *de Judiciis*. Que fait-elle ? Elle autorise les avocats à se faire payer des clients en position de le faire et de poursuivre le paiement *per executores negotiorum*.

Avant le code, avait paru le Digeste (1). Qu'y voyons-nous ? Entr'autres dispositions qui touchent à notre suj t, nous y trouvons celle de la loi 1, *de extraordinariis cognitionibus*. Le président ou gouverneur de la province, dont la compétence est proclamée pour *toutes les causes extraordinaires* réglées dans le titre, est par exprès établi juge des réclamations des avocats pour tout ce qui a trait à leurs honoraires et le § 1 trace la régle à suivre par lui en pareil cas.

Les avocats ont donc action pour le recouvrement de leurs honoraires. de tous les honoraires indistinctement et en même temps la liberté absolue de l'exercer dans tous les cas sans distinction, suivant la législation romaine, à partir du moment où, sous Justinien, elle a trouvé sa formule définitive.

Cet état de choses, remarquons-le, ce n'est même pas le prince qui l'a établi; il n'a fait que le reconnaître : la loi citée est en effet antérieure à son règne et empruntée au jurisconsulte Ulpien, secrétaire et ministre de l'empereur Alexandre Sévère. Elle a

(1) Publication du Digeste, le 16 décembre 533 et du code, novembre 534.

précédé l'avénement des empereurs chrétiens. Elle est la reconnaissance de droits existants au temps de Sévère ou même avant.

Mais, si cette loi, tirée du Code, accuse l'antériorité certaine de l'exercice de l'action pour honoraires, celle tirée du Digeste nous présente Justinien comme ayant pourvu le premier à l'exécution des condamnations obtenues par les avocats, en nous apprenant que les *executores negotiorum* en ont été chargés par sa constitution.

Et qu'est-ce donc que ces *executores* ?

La législation Justinienne en parle ailleurs, dans la L. 25 au Digeste, de *Testibus*, empruntée à Arcadius Charisius, jurisconsulte de la période chrétienne, dans plusieurs constitutions du même titre de *Judiciis*, la constit. 15, la constit. 18 et autre part. On lit, dans la dernière, ces mots significatifs : *executor negotii cui mandata est hujus modi causæ exactio.*

Au § 2 de la loi 15, au code, de *judiciis*, *l'executor negotii* parait être plutôt un *appariteur.* Le mot *executor* se prend en effet plus habituellement dans ce dernier sens. *L'executor* se rapproche alors de l'agent qui a été chez nous, tour à tour l'exempt, le sergent et l'huissier....

Nous avons eu des doutes sérieux sur ce point et, voulant les calmer, nous avons soumis à un des romanistes les plus savants et les plus sûrs de notre époque, M. Rivier, professeur distingué en Prusse, en Suisse, il y a quelques années et qui occupe actuellement avec distinction une chaire dans l'université de Bruxelles, il nous a répondu : « ...Quand il désigne (*l'executor*) un juge,
» il est synonyme de *cognitor ou arbiter* ; cette signification est,
» me semble-t-il, de l'époque postérieure aux classsiques et ne
» peut jamais s'appliquer aux juges donnés dans les procédures
» ordinaires. Je pense qu'elle est réservée à un juge délégué ou
» commis dans une affaire où il s'agit de faire rentrer des som-
» mes, notamment après condamnation au paiement. (1) »

Si on a recours au *Manuel de la latinité du droit civil,* de Dirksem, on y trouve les définitions suivantes de *l'executor negotiorum.*

« 1. *Cognitor, arbiter, executiones rerum prospiciens.* »

« 2. *Ad paritor magistratûs* ; *minister.* Synonyme *exactor.*

(1) Lettre du 16 mars 1878.

Exemple : *executores à quocumque judice dati, ad exigenda debita.* »

Nous disons qu'en droit romain, les avocats ont une action ouverte pour obtenir le paiement de leurs honoraires et nous ajoutons qu'ils peuvent l'exercer dans tous les cas sans exception. Nous insistons même sur ce mot. En insistant ainsi, quel est notre but ? Nous avons l'intention par là de repousser, d'un mot, la théorie d'un jurisconsulte de grand renom, Merlin qui a imprimé longtemps chez nous et dans le premier quart du siècle, la direction parmi les juristes et qui n'a pas peu contribué, en les égarant en un point capital, à faire rejeter par le barreau de Paris l'exercice de l'action, sous le faux prétexte que « ... telle » était la tradition du barreau Français s'appuyant spécialement » sur la loi Romaine. (1) »

La loi romaine, quoi qu'il dise, est néanmoins telle que nous la présentons ici et contraire, diamétralement contraire à ce que lui fait dire le *Répertoire* qui en a altéré la physionomie jusqu'au travestissement le plus complet.

Pour nous en convaincre, ne suffirait-il pas de reproduire les textes applicables et de les opposer à la fausse interprétation du *Répertoire* ?

Prenons en particulier le paragraphe 10 de la loi 1, au Digeste de *extraordinariis cognitionibus ;* le voici : *in honoris advocatorum ità versari judex debet ut pro modo litis proque advocati facundiâ et fori consuetudine et judicii in quo erat acturus æstimatione adhibeat* ; Dans le règlement des honoraires des avocats le juge doit consulter l'importance de l'affaire, le talent de l'avocat, les habitudes du barreau et du siège.

Le texte se borne à indiquer une seule restriction en exigeant que le *quantûm* d'honoraires ne dépasse pas le *maximum* déterminé, par la loi: *dummodò licitum honorarium quantitas non egrediatur*, c'est-à-dire le chiffre de *centum aureos* fixé par Claude.

Le juge a donc sa mission toute tracée dans ce texte : il doit régler les honoraires en les fixant d'après les bases qui s'y trouvent indiquées.

Le système du *Répertoire* consistant à refuser l'exercice de l'action, est condamné par là même.

(1) **Merlin, *Répertoire*. V. Honoraires, § 1er.**

Ce système se réduit, en effet, à prétendre que *l'avocat ne peut exercer l'action que lorsque l'honoraire est fixé d'avance volontairement entre les parties.* Il n'est pas fixé le moins dù monde dans la pensée du législateur, puisque le juge est chargé de le faire.

Et comment le juge fixerait-il si l'avocat ne pouvait pas le saisir? Mais, il a un recours évident afin d'arriver à faire déterminer un chiffre qui ne l'est pas et qui doit l'être sur des bases posées par le législateur.

Cette conclusion est forcée.

L'exercice de l'action est par conséquent autorisé par là même.

Le digeste est conséquemment formel dans le passage que nous venons de reproduire; le code ne l'est pas moins dans le titre *de judiciis* cité plus haut.

Et le texte *de judiciis*, remarquons-le de rechef, émane de Justinien en personne.

SECTION 2me. — DROIT ROMAIN, A ROME ET CHEZ NOUS, EN PAYS DE DROIT ÉCRIT.

Cependant n'insistons pas davantage ; tenons-nous à la disposition du Digeste. Mais, en indiquant la doctrine des commentateurs, montrons la tradition parfaitement conservée chez nous, du moins de plus en plus confirmée, l'interprétation des textes que nous avons donnée, en même temps la fausse interprétation du *Répertoire* repoussée à pur et à plein.

Parmi les interprètes les plus sûrs, qu'il nous suffise de citer entre mille :

Cujas (1).

Denis Godefroy (2).

Mornac (3).

Pothier (4).

Petrus Grégorius Tholosanus (5).

(1) Cujas, en ses *Réponses* de Papinien sur la loi 1, au Digeste, mandati e. sur la loi *Salarium* même titre.

(2) Denis Godefroy, sur la L. 13, § 9, au Code de *Judiciis*, lettre N.

(3) Mornacii *Observationes in libro pandect. et Codicis ;* Digest. Lebr XIX, tit. 2, *locati et conducti*, L. 38.

(4) *Paudectæ Justin.*

(5) Lib. IV. ch. 18.

Et chez nos voisins :

Voët (1).

Enfin Zimmern, professeur de droit à Iéna (1).

I.

L'exact et judicieux Pothier mérite d'être opposé l'un des premiers au faux interprète du *Répertoire.*

Que lisons-nous dans ses Pandectes ?

« Le gouverneur de la province connaît aussi extraordinairement des réclamations des avocats...

» Mais, quel est donc le salaire que peuvent réclamer les avocats ? Si, dans une convention, l'avocat se fait promettre *tant* à titre d'honoraire pour plaider dans l'affaire dont celui-ci l'a chargé, examinons s'il peut réclamer la somme qu'il s'est fait promettre de cette manière. Voici ce qui a été décidé à cet égard par notre empereur et son père dans un rescrit adressé à un particulier et ainsi conçu : s'il est vrai, comme vous le dites, que vous avez promis telle somme d'argent à votre avocat pour plaider dans votre affaire et qu'il ait exigé de vous cette promesse pendant que l'instance était pendante afin de s'associer en quelque sorte avec vous au gain du procès, c'est un usage infâme et que nous réprouvons.

« Mais s'il a été stipulé des honoraires qui lui seront payés après que l'affaire sera terminée, cette convention vaudra pour ce qui sera prouvé que vous avez promis de donner, de manière cependant qu'après avoir compté ce qui lui a été payé avec ce qui lui reste dû, la somme totale n'excède pas celle accordée pour les honoraires licites et honnêtes.

» Or, fait observer Pothier; ce *n'est qu'à concurrence de cent écus d'or que les honoraires sont réputés honnêtes et légitimes* (d'après la constitution de l'empereur Claude). »

Ainsi parle Pothier dans ses commentaires de la loi citée, n⁰ IV.

Et au n⁰ VI, nous lisons ce passage topique : « *quand même*

(1) Ad Pauectas, Lib. III, tit. 1, n⁰ 6.

(2) Traité des actions ou théorie de la procédure privée chez les *Romains*, 3ᵉ partie ch. 2, § CL, p. 180 de la traduction d'Etienne, professeur à Aix.

» *on ne serait point convenu de la somme*... ELLE PEUT NÉAN-
» MOINS ÊTRE RÉCLAMÉE. »

Pothier en donne, à la suite. les motifs déterminants tirés du texte même de la loi citée.

On le voit donc, la portée de la loi n'a pas échappé à cet interprète clairvoyant du Digeste; au lieu de restreindre, comme Merlin qui a ainsi pris le contrepied de la loi, Pothier en a rencontré le vrai sens en l'interprètant *Lato sensu*.

Après cette démonstration approfondie, les nuages amoncelés par l'auteur de l'article, au *Répertoire*, doivent être dissipés maintenant. Citons toutefois d'autres autorités ; mais, tenons-nous en à un petit nombre et aux plus courtes, pour ne pas abuser de l'attention du lecteur.

II.

Comment doit s'y prendre l'avocat pour obtenir l'honoraire, se demandent tour à tour Petrus Gregorius et Denis Godefroy ?

« Il faut en convenir avec le client, répond le premier, ou *recourir au juge* : *Vel conventum* vel ex OFFICIO JUDICIS PETENDUM (1).

Et Godefroy n'est pas moins catégorique: les plaideurs, dit-il, PEUVENT ÊTRE CONTRAINTS à *payer l'honoraire* à l'avocat ; *litigatores* COGI POSSUNT *ad honorarium advocato præstandum* (2).

III

Si nous sortons de l'école Française, nous trouvons ailleurs des réfutations tout aussi énergiques à opposer aux erreurs rudimentaires de Merlin.

Nous pourrions citer Zimmern, professeur à Iéna, que son traducteur, M. Etienne, de la faculté d'Aix, a su rendre populaire parmi nous ; mais nous préférons nous rabattre sur Voët.

Dans son commentaire des plus substantiels, un des plus

(1) Liv. IV, ch.18, Petrus Gregorius, professeur tour à tour à Toulouse, à Cahors et à Pont-à-Mousson. Mort en 1597 après avoir publié plusieurs livres estimés, notamment une réfutation de Du Moulin, *sur le Concile de Trente*.

(2) Godefroy, sur la loi 13, § 9, au code *de Judiciis*, note n.

estimés de la Hollande, dans les Pandectes de ce jurisconsulte, nous lisons le passage suivant : « Autrefois on ne donnait aucun salaire aux avocats pour leurs plaidoiries ; mais peu à peu on commença à récompenser leur services suivant l'importance du procès, l'éloquence de l'avocat et l'usage du barreau, de façon toutefois à n'accorder, dans chaque affaire, pour les honoraires et *palmurium* réunis, que cent écus d'or (1).

Il se demande si pour avoir l'exercice de l'action, *l'avocat a besoin d'être porteur d'une promesse* d'honoraires et sa réponse est décisive : « *Il importe peu* qu'il en est ou qu'il n'en ait pas.» Telle est la solution : NEC INTEREST PROMISSUM SIT NEC NON (2).

En abrégeant, concluons : la législation de Justinien est formelle ; elle admet l'exercice de l'action pour l'avocat ; elle a disposé les *pays de droit écrit* à l'admettre et on l'y a admise incontestablement pendant bien des siècles.

SECTION 3me. — DROIT FRANÇAIS, EN PAYS DE COUTUME.

I.

Sur la question qui nous occupe relative à l'action, et à l'exercice de l'action pour honoraires, la France coutumière avait ses anciens us conformes aux traditions romaines.

Les établissements du roi Saint-Louis, de l'an 1270, posent sans doute des règles propres à prévenir des abus, à empêcher que les avocats fassent avec leurs clients aucuns pactes *plet pendant.* Dans le but de prévenir des exactions, ces règles posent un *maximum* qu'il n'est pas permis de dépasser (30 livres équivalent à 500 fr. de notre monnaie); mais, enfin elles entendent que les services soient récompensés.

Prévisions analogues dans les coutumes de Beauvoisis : Ouvrez Beaumanoir (3) et vous voyez : « Li ad vocas, pas nostre coustume,

(1) Voët *ad Paudectas tib. tertius,* t. 1, no 6. — Il y a peu de livres de droit qui jouissent d'une estime plus générale, dit Feller, dans sa biographie, art. *Voët, in fine*.

(2) *Id Ibid.* no 6, à la suite du passage ci-dessus,

(3) Il écrivait après l'ordonnance de 1274, mais vers ce temps (Dalloz ainé, Rép. V. *avocat* no 244.

» poent penre de le partie por qui il pledent le salaire qui lor est
» convenanciés; mais qu'il ne passent pour une querelle
» trente livres, car plus de trente livres ne poent il penre par
» l'establissement nostre bon Roy Phelipe. Et s'il ne font point
» de marcié à cix por qui il pledent, il doivent estre paié par
» journées, selonc ce que il sevent et selonc leur estat et selonc
» cheque le querelle est grans ou petite; car il n'est pas resons
» que un avocas qui va à un cheval doie avoir ausi grant jornée
» comme chil qui va à deux chevax ou à trois ou à plus, ne que
» chil qui poi set ait autant que cil qui set assés, ne que cil qui
» plaide pour petite querelle ait autant que cil qui plède pour
» grant. Et quant ples est entre l'avocat et celi por qui il a pledié,
» por ce qu'il ne se poent acorder du salaire qui ne fu pas con-
» venanchiés : estimation doit estre fete par le juge, selonc ce
» qu'il voit que resons est et selonc ce qu'il est dit dessus (1).

Ainsi, mettant de côté tout ce qui dans ce passage a été transitoire et bon pour l'époque, nous y trouvons la preuve que l'avocat, dans ces temps reculés, pouvait saisir le juge ; en d'autres termes qu'il avait, à sa portée, une action en paiement et la faculté de l'exercer.

La Somme Rurale de Bouteiller interdit, à l'avocat, *de mener la cause pour en avoir la moitié, le tiers ou partie d'icelle, de prendre son salaire de la même chose*, c'est-à-dire tout ou partie de la chose en litige; *mais bien à se payer en somme convenable de pécune*, voulant qu'il ait salaires *attrempés et raisonnables.*

Brodeau, qui vivait dans la première moitié du XVIIe siècle (2) a écrit dans un sens favorable à l'exercice de l'action et c'est lui qui, dans son *Commentaire de la coutume de Paris*, a déposé, contre le client ingrat, cette tirade indignée que nous avons eu l'occasion de faire connaître en tête de notre étude. « . . . Et bien
» qu'il y ait quelque sorte de pudeur et de honte dans une action
» de cette qualité (l'action pour honoraires). . . . IL Y A BIEN PLUS
» DE HONTE, D'INDIGNITÉ, D'INFAMIE, D'INGRATITUDE, *de la part du*
» *client qui retient et refuse de payer une récompense si juste*
» *et si légitime et veut profiter injustement du travail d'un*

(1) Chapitres V, n° 3, tome 1er, p. 90, éd. du comte Beugnot. Paris, 1842.
(2) Il est mort en 1650.

» *avocat* qui a eu soin de ses affaires pendant une longue suit » d'années.....(1) »

Du Moulin et Loiseau, celui-ci cinquante ans avant, le premier un siècle plutôt et Claude Ferrière cent ans après lui, se prononçaient dans le même sens (2).

La solution s'appuie donc sur des autorités surabondantes et pourtant nous n'avons pas tout montré ; s'il fallait produire d'autres autorités, il nous reste encore, dans les ordonnances de nos rois, assez pour faire l'appoint.

II

Une ordonnance de Philippe-le-Hardi, du 25 octobre 1274 entend que l'avocat reçoive salaire convenable (competens) ; que le salaire soit proportionné à l'étendue de chaque affaire et à l'habileté du défenseur, sans que le chiffre puisse excéder 30 livres tournois : Circà *advocatorum verò salaria duximus statuendum quod pro modo litis et advocatorum peritiâ competens salaria recipiatur* ; *itâ tamen quod pro quâcunque causâ movendâ prolatâ causâ triginta librararum turonensium unius advocati salarium non excedat.*

L'ordonnance de Louis XII du 15 juin 1510, porte, art. 48 : « Pour ce qui est souvent advenu que plusieurs greffiers, *avocats* » et procureurs de notre royaume, mesmement ès pays de droit » écrit ont longtemps attendu à se faire payer des actes, régistres » et grosses des procés par eux reçus et ont mis dette sur autre, » tellement que quelque fois leur a convenu faire vendre, crier et » subhaster les biens et héritages des parties pour lesquelles ils » avaient reçus les procés dont ils avaient été detraits, pour à » quoi obvier, avons ordonné et ordonnons que désormais *les d.* » *greffiers ne pourront demander le salaire à eux dû pour lesdits* » *procès* par eux reçus, *sinon qu'ils demandent trois ans après* » *lesdits procès finis*, les autres ordonnances de nos d. predeces-

(1) *Coustumes de la Prévosté et vicomté de Paris*, titre VI DE LA PRESCRIPTION, art. 125.

(2) Loyseau, *Traité des offices* Liv. V. chap. 1 ; Ferrière, sur *la Coutume de Paris* ; Ch. Du Moulin, Commentaire sur la règle de Chancellerie *de verissimili notitiâ*, n° 53.

» seurs faites sur le moindre temps demeurant en leur force et
» vertu. »

Cette disposition, destinée aux avocats comme l'annonce la première partie, accuse, dans la seconde, une omission évidente, en ce qui les concerne ; par conséquent, il n'était pas possible de les atteindre de l'abréviation du délai réduit à trois ans, par cette ordonnance ; le délai pour eux restait ce qu'il était auparavant, porté à trente ans là où il n'était pas abrégé, porté à un moindre temps par le statut local, en Dauphiné par exemple. Elle reconnaît par là virtuellement l'existence de l'action sur la tête de l'avocat, puisqu'il la proclame, comme celle du greffier, excessive dans sa durée jusque-là. Puis, voyez, que se passe-t-il sous François Ier ? on veut réparer enfin l'omission et, comment s'y prend-on ? L'ordonnance rendue pour la Provence, au mois d'octobre 1535, qui renouvelle avec quelque modification l'article cité de l'ordonnance de 1510 et l'étend aux avocats du parlement d'Aix,
» s'exprime ainsi : « Et quant aux salaires des vacations desdits
» greffiers, ils n'en pourront faire demande ou poursuite *après*
» *un an d'iceux salaires réservés* et le SEMBLABLE DES AVOCATS,
» *procureurs, commissaires, notaires, sergents, ou autres offi-*
» *ciers ou praticiens* (1)... »

Si, de ces quatre ordonnances, les deux premières ne tranchent rien, il en est autrement des deux autres. Des deux dernières, il en est une, il est vrai, qui contient une lacune regrettable dans son dispositif ; mais, complétée par la quatrième, il en résulte à la fois la reconnaissance de l'action pour honoraires et le droit qu'a l'avocat de l'exercer dans le court délai assigné pour sa durée.

Bref, ces ordonnances n'auraient d'autres conséquences (et elles l'ont assurément) que de reconnaître et de consacrer la législation préexistante, la législation en vigueur à l'époque de leur émission, le droit romain *des pays de droit écrit*, les usages *des pays coutumiers* constatés dans nos vieux livres, qu'elles auraient suffisamment perpétué le libre exercice de l'action par l'avocat, à l'effet d'arriver à la condamnation et au paiement. Et, quand même ces ordonnances n'auraient pas par elles mêmes l'énergie nécessaire pour créer *à priori* pour l'avenir le droit de l'avocat à

(1) Art. 13, chap 18 de l'ordonnance.

l'exercice de l'action, elles seraient du moins récognitives d'un droit déjà établi; en sorte que si le droit de l'avocat résulte à la fois de la loi romaine et des anciens us, nous le voyons consolidé et rendu inébranlable à partir de ces ordonnances pour la période où elles eurent force de loi.

Et, faisons en passant une observation : les ordonnances spéciales à la Provence, avaient été enregistrées au Parlement de Bordeaux pour y être appliquées comme loi.

Après toutes ces raisons de décider, faut-il s'étonner si les tribunaux se sont prononcés anciennement en faveur du système qui admettait l'exercice de l'action ?

Du Moulin (1) rapporte un arrêt rendu, du temps de Charles VII (2), en faveur d'un avocat célèbre contre un client qui lui avait offert un honoraire dérisoire.

Brodeau signale plusieurs précédents dans le même sens, notamment un arrêt de la Chambre de l'édit du mois de septembre 1612 ; un autre des Requêtes du Palais du 7 janvier 1627, un autre de la Chambre des enquêtes du 15 septembre 1629, une décision du conseil privé en date du 21 juillet 1645, un autre du Châtelet, en date du 21 février 1643. Brillon à son tour les reproduit la plupart ou du moins les indique (1).

En voilà bien assez pour enchaîner l'esprit le plus rebelle et le fixer sur le sens et la portée de nos antiques traditions.

Après une démonstration aussi complète, nous pouvons l'affirmer avec assurance : Oui, anciennement, en France, l'avocat pouvait exercer l'action afin d'obtenir le paiement de ses honoraires et on ne trouve pas d'arrêt contraire, d'arrêt de principe du moins avant celui du mois de septembre 1737.

III.

Cependant, à cette date, intervient cet arrêt mémorable diamétralement contraire à la doctrine et à la jurisprudence conforme, nous l'avons vu, à nos traditions nationales.

(1) Du Moulin, Commentaire sur la règle de Chancellerie de *virisimiti nititid*, n 53.

(2) Qui a régné de 1422 à 1451.

(3) *Dictionnaire des arrêts*, V. AVOCAT.

Comment donc a eu lieu, en 1737, ce changement de front ? c'est ce qu'il importe de rechercher.

Que s'était-il donc passé dans l'intervalle et avant 1737 ? Voyons-le :

IV.

En 1579, sous le règne de Henri III, une ordonnance était intervenue pour obliger les avocats à signer leurs écritures, et, au-dessous de leurs signatures, *à écrire et à parapher de leurs mains ce qu'ils auraient reçu pour leurs salaires et ce* SUR (*sous*) *peine de concussion.*

Le barreau de cette époque, mécontent de l'innovation; fit entendre des plaintes très-vives. Les protestations ne tardèrent pas à redoubler sous Henri IV. Il était en effet intervenu alors un incident qui parut piquant à l'entourage de ce prince, qui passionna la cour et la fit se mêler à la querelle soulevée par l'ordonnance. Voici à quel propos : Sully, vers ce temps, avait eu personnellement des affaires litigieuses. Il avait eu recours au ministère d'un avocat. Il eut à payer à cet avocat des honoraires pour la direction du litige ; — Sully les trouva excessifs, sa mauvaise humeur ne se renferma pas dans le huis-clos ; elle s'exhala au dehors et, sous son influence, paraît-il, aux Mercuriales de 1602, le Parlement de Paris rendit un arrêt qui prescrivit de plus fort l'exécution de l'ordonnance de 1579 inobservée jusque-là. Il fut enjoint en même temps aux membres du barreau qui refuseraient de souscrire aux prescriptions de 1579, de le déclarer au greffe du parlement sur un registre *ad hoc*, pour être rayés sur *la matricule* (le tableau) et interdits, à la suite, de leurs fonctions.

A cette nouvelle, les avocats du barreau de Paris les plus en renom se cabrèrent et résolurent de sacrifier leur position au palais voulant conserver intacte leur indépendance. Ils se rendirent en conséquence solennellement au greffe et y déposèrent leur signature ; ils étaient en tout 307 réfractaires pour l'abdication. Cette démarche eut des conséquences fort graves ; elle entraîna, en effet, pendant plusieurs mois, une interruption absolue dans le cours de la justice que le barreau tenait ainsi en échec.

Si la scission avait pu paraître une plaisanterie au début, elle ne tarda pas à tourner au sérieux, puisqu'elle pouvait aller dans des cas urgents jusqu'à la ruine des intérêts les plus précieux. Il y avait, en tout cas, souffrance très-réelle.

Le roi s'en émut et il intervint alors pour mettre fin à la rupture. Le 15 mai 1602, il donna, en forme de déclaration, des lettres-patentes par lesquelles, tout en confirmant l'arrêt, il enjoignit aux avocats d'y obéir, et quoiqu'il n'y eût pas de soumission effective, il les réintégra dans leurs fonctions, leur donnant les pouvoirs de les exercer comme auparavant.

Grâce à ces mesures équivoques, qu'on s'empressa d'accepter de part et d'autre en les interprètant chacun à sa façon comme il l'entendit, on s'en trouva satisfait, ou on fit tout comme. La rupture cessa et les affaires reprirent. Mais, au fond, le malentendu pouvait toujours recommencer. Le barreau le comprit et, voici le stratagème imaginé pour prévenir le retour d'un conflit :

Les avocats du barreau de Paris soutinrent, contre eux mêmes, que l'honoraire était en *principe* UNE OBLATION VOLONTAIRE, UN DON SPONTANÉ DU CLIENT, et, par une altération des traditions Romaines, du moins des traditions parvenues à leur dernier perfectionnement, ils posèrent en principe que *l'avocat n'avait pas d'action pour honoraires ; ou , si l'on veut, qu'il ne l'exerçait pas.* On se le tint pour dit et, à force de le répéter et de l'écrire, au palais, dans les livres, il en sortit une théorie qui finit par être acceptée comme un symbole indiscutable et passa insensiblement pour *l'usage ancien du barreau de Paris*, s'infiltrant même de proche en proche dans les barreaux voisins, si bien que, dans plusieurs, importé par les élèves de la capitale où beaucoup avaient fait leur droit, quelques-uns même leur stage, un usage tout local d'abord, a fini par y passer souvent pour général et même par s'y acclimater.

D'un autre côté, l'avocat, rompant, à partir de la même époque, avec le passé de la France entière, sur un autre point délicat, accepta d'abord volontiers et finit ensuite par exiger l'offrande préalable d'un honoraire anticipé; on vit alors, parallèlement à l'abandon de l'action, le système des provisions y fleurir dans toute sa splendeur.

En se réservant de tomber en grève ou de se mettre en mouvement, suivant qu'il y avait ou qu'il n'y avait pas le dépôt préalable de la provision, l'avocat avait trouvé le moyen indirect de recevoir l'honoraire anticipé tout en soutenant qu'on ne devait pas en exiger après plaidoirie.

A l'aide de la provision, l'avocat affichait ainsi un désintéressement apparent et, sous ces dehors trompeurs, il pouvait rançonner le client qui conservait, auquel du moins on laissait, pour la forme, les grands airs de client traité à titre gratuit.

Et on pouvait pourtant arriver aux abus extrêmes tout à fait impunément, puisque de tout temps l'honoraire une fois payé n'a pas été sujet à répétition, surtout à l'encontre des héritiers de l'avocat. (1) Le principe est certain ; il est admis et pratiqué depuis Justinien ; l'affranchissement est écrit dans les lois de ce prince (2) et dans nos livres. (3)

L'avocat est exempt de remboursement, même en ne plaidant pas ; il suffit pour y échapper qu'il ne refuse pas de le faire et qu'il ne manque pas, par sa faute, à l'engagement qu'il a pris de défendre la cause de son client.

Telle fut la pratique inaugurée par le barreau de Paris après la scission dont nous avons retracé à grands traits l'historique et c'est, à la suite de cette innovation vantée dans les livres de ce temps, acceptée avec empressement dans bien des barreaux par une infinité de leurs membres, subie sans trop de résistance par des clients à l'aise, que Boucher d'Archis a pu écrire: « Les lois » et les docteurs, les anciennes ordonnances et plusieurs anciens » arrêts donnent, aux avocats, une action pour le paiement de » leurs honoraires ; mais, suivant la dernière jurisprudence du » Parlement de Paris et la discipline actuelle du barreau, on ne » souffre point qu'un avocat intente une telle action et c'est ce » qui résulte d'un arrêt du 7 septembre 1737 rapporté sur l'art. » 73 de la coutume d'Artois (4). »

(1) Notamment Mornac sur la L. 38. Lib. XIX, Tit. II *locati et conducti.*

(2) Paulus *lib.* singulari regularum ; Pline, lib. V. *Epistol.* 5 ; Pothier, Pandectæ Justinianeæ, lib. III, tit. 8, art. III, lib. 38, § 1 au Dig. Locati et conducti XIX, 2.

(3) V. Mornac, notamment; *loco citato.*

(4) Boucher d'Argis, ou Règles *pour former un avocat, Vt honoraires* DES AVOCATS.

Mais cette pratique ne prend date officielle qu'à l'époque de cet arrêt, répétons-le (1).

Et qu'est-ce que cet arrêt, se demande un des éminents jurisconsultes de la savante Auvergne, doyen du barreau de Riom, ancien bâtonnier, ancien magistrat et conseiller honoraire de cette cour, auquel nous empruntons quelques-unes de ces réflexions, qu'est-ce donc que cet arrêt *sinon la violation* des *lois et ordonnances anciennes* sans qu'elles eussent été abrogées : «... Du reste, fait-il observer à ce propos, il ne faut pas s'y » tromper : *ce n'est pas autant par un sentiment de générosité » et de désintéressement que les avocats du barreau de Paris » ont renoncé à intenter une action en paiement de leurs hono- » raires que par la crainte d'être taxés*; ils ont préféré l'abandon » de cette action à la presque certitude de voir très-souvent leurs » honoraires réduits par les tribunaux (2). »

L'usage tel quel de Paris, reconnu en 1737 officiellement pour la première fois et appliqué, disons-le *en violation des lois et usages anciens sans qu'ils fussent abrogés*, n'avait pas encore acquis toutefois force de lois par une possession suffisante ni à l'époque de la disparition du barrreau au début de la première révolution (3) ni au moment de la reconstitution sous le consulat (4), ni même au temps de la promulgation de l'ordonnance organique de 1822 puisqu'il fallait une période centenaire pour cela et, dès lors, ne peut-on pas se demander si, en déclarant *maintenus* les *usages* du *barreau*, l'article 45 de l'ordonnance a maintenu légalement l'usage tout à fait moderne contre lequel nous nous prononçons ici carrément, usage abusif au premier chef qui s'était élevé si arbitrairement sur les ruines des usages plusieurs fois séculaires de notre pays ???

(1) L'usage toutefois venait d'un peu plus loin. On en voit les signes précurseurs, dès 1702, dans Brillon, *Dictionnaire* des *arrêts*, Ve AVOCAT, tome 1er p. 357.

(2) Lettre de M. Chirol de Labrousse, en date du mois de novembre 1877.

(3) L. du 11 septembre 1790.

(4) L. du 22 ventôse an XII, art. 29.

Douai. Imp. L. Crépin.

EXERCICE

DE

L'ACTION DE L'AVOCAT POUR HONORAIRES

DEUXIÈME PARTIE.

CHAPITRE 2e. — LES EXPÉDIENTS.

NOTIONS PRÉLIMINAIRES.

I.

Il n'y a pas d'efforts à faire, ni à tenter, pour mettre en saillie les abus qui peuvent résulter de l'état de gêne et de paralysie où tombe volontairement le barreau de Paris en s'interdisant l'exercice de l'action et en se singularisant ainsi entre tous les barreaux connus du monde entier par la proscription de ceux qui enfreignent ses règles draconniennes; la mauvaise foi toujours croissante des clients se charge chaque jour d'en fournir la démonstration, une démonstration concluante à coup sûr.

On m'arrête pourtant pour m'objecter les palliatifs usités en pareil cas contre des clients suspects ou ingrats.

1° La provision remise à l'avocat avant la plaidoirie, ou même, avant la préparation de la cause, au moment de l'envoi des pièces;

2° L'intervention de l'avoué quand il s'agit, après jugement, de vaincre la résistance du client en retard de verser l'honoraire ou qui le refuse ;

Deux moyens détournés pour obtenir le paiement des honoraires et corriger ainsi les abus engendrés par le principe affecté de la gratuité après tout plus apparente que réelle, comme on l'a vu.

Mais, déchirons le voile qui recouvre, pour le décorum, cet étrange mystère, ce mystère imaginé pour sauver les apparences et qui, présenté enfin sous son vrai jour, pourrait fournir matière à des scènes facétieuses si quelque comique avait la hardiesse d'allonger *les Plaideurs* de Racine, ou était tenté d'ajouter un *post-scriptum* plaisant à la charge grotesque de *l'Avocat Patelin.*

N'y a-t il pas mieux à faire toutefois en approfondissant sérieusement le sujet qui est fort grave du reste, pour en faire ressortir les inconvénients majeurs ? Car, nous le demandons, aux observateurs impartiaux et clairvoyants, n'y a-t-il pas là dans ces biais, au lieu d'une ressource pour le moins équivoque, impuissante, en tous cas suspecte, n'y a-t-il point là une double source d'abus et ces abus ne sont-ils pas pires que ceux auxquels il importe de remédier ?

Voyons le :

II.

Comme en Grèce, le barreau eût, à Rome, ses jours de gloire et son auréole immortelle. Des hommes célèbres s'y distinguèrent par l'éclat de la parole, comme d'autres par l'épée. Rivaux heureux d'Eschine et de Démosthène, Hortensius, Cicéron, Domitius Affer, pour ne citer qu'eux, ce sont là des noms illustres qui firent, à la tribune aux harangues ou au forum, des conquêtes pacifiques aussi brillantes, et plus durables que celles de ses plus grands Capitaines sur les champs de bataille; mais, le barreau romain eût aussi ses jours de revers, de crises, des tristesses et des défaillances plus qu'ailleurs. Les historiens en font foi et les lois elles-mêmes trahissent peut-être mieux et plus sûrement, l'état de déchéance où sont quelquefois tombés les prédécesseurs et les successeurs des hommes fameux que nous avons nommés avec admiration et avec respect.

La loi *Cincia*, les retouches de cette loi tentées plusieurs fois, mettent à nu la rapacité, les prévarications qui ont été plus d'une fois des plaies profondes dans ce barreau où l'orateur parfait avait été pourtant admirablement défini : *vir probus discendi peritus !...*

Mais, si l'homme du barreau avait là son idéal tout tracé, il n'est que trop vrai que souvent et un trop grand nombre de copistes ont défiguré ce type quand ils auraient dû le reproduire fidèlement.

S'il est vrai que le barreau romain ait été astreint en principe, au précepte de la *gratuité*, il n'est pas moins certain qu'en pratique il s'en est éloigné par les expédients imaginés à diverses époques, par l'amour excessif du lucre, par l'esprit de cupidité, vices dominants de la race latine.

La provision fut un de ces expédients ; mais, ce ne fut pas le seul.

Les avocats en pratiquèrent bien d'autres. Ce furent notamment *les cessions de droits litigieux*, *les associations des avocats aux procès* des clients, *les prêts simulés* quand les clients étaient besogneux ; ou, quand ils avaient de l'argent, les *provisions* et enfin les *pactes* variés à l'infini de *clients à patrons*, qu'on peut dire de la même famille, depuis l'honoraire *proportionnel* jusqu'au *palmarium.*

Avant de nous occuper de la provision, parlons du rôle qu'ont joué jusqu'à nos jours les principaux pactes à commencer par les honoraires proportionnels, les honoraires en objet litigieux, les honoraires en rapport avec le succès, les cessions de droits litigieux, etc.

Section 1re.—LES PACTES DE CLIENTS A PATRON.

La loi romaine réprouvait, dans son ensemble, les conventions au sujet des honoraires, les conventions intervenues entre le patron et le client tant que le procès était sur pied, *antè causam actam*.

Tant qu'il a besoin du premier, on le conçoit, le second n'a pas sa liberté et ne peut pas s'affranchir de la domination de l'autre assez pour contracter valablement envers lui. Il doit craindre, en effet, en refusant de le satisfaire, de mécontenter, par la moindre résistance, celui dont il dépend parfois corps et biens et de compromettre ainsi le sort de sa cause, son honneur, sa fortune, les biens les plus précieux, pendant qu'ils sont encore en jeu et sous le coup du danger.

Dans cette situation, comment admettre que la partie soit égale? Comment valider le pacte intervenu entre l'homme en péril et celui qu'il considère et qui se présente à lui comme son futur sauveur? Ce pacte est déclaré nul par des textes formels. La loi 1, au Digeste, *de extraordinariis cognitionibus* en particulier s'occupe du pacte consenti par un plaideur au profit de l'avocat chargé de défendre sa cause et, pour l'apprécier, elle distingue, soigneusement *l'accord fait avant jugement*, du *règlement fait après*, et: comment se prononce-t-elle? Elle proclame la validité de celui-ci, mais elle annule impitoyablement le premier.

§ 1er. — PRÊTS SIMULÉS.

Les avocats romains cherchèrent à éluder les prohibitions; que firent-ils? Il leur arriva de simuler des *prêts d'argent* et de se faire consentir des promesses par les clients, comme si les clients leur avaient emprunté réellement. Ainsi, se trouvaient réglés d'avance les honoraires au gré des créanciers apparents. Mais, Auguste introduisit, contre l'infracteur, la *peine du quadruple*. Gordien parvint à obvier à l'inconvénient de ces promesses frauduleuses, en annulant les engagements qui masquaient des pactes pour honoraires. De sages prohibitions proscrivirent désormais les pactes déguisés sous cette forme menteuse; à partir de là, il ne fut plus permis de recevoir, sous forme de prêt, ce qu'il était défendu de recevoir par pacte à découvert.

Trajan alla plus loin. Il soumit *in limine litis* tout plaideur à affirmer sous serment qu'*il n'avait rien donné, rien promis, rien garanti à son avocat: nihil ob advocationem dedisse, promisisse, cavisse*; c'est ce que Pline nous apprend (1) et Pothier d'après lui (2). En continuant à fouiller dans le droit romain, nous pourrions multiplier nos citations; mais, abrégeons ici pour arriver à des autorités indigènes; elles ne sont pas moins énergiques.

(1) Pline, lib. v. *Espitol. 4.*
(2) Pandect. Justinian, *Lib. tertius. tit.* 1, art. 3, § 1er, n. XX et *notam*.

Ces principes généraux et rudimentaires ont pénétré chez nous; ils ont été admis indistinctement dans tous les pays qui se divisaient jadis la France en deux parts distinctes.

Nous avons vu les dispositions de la partie soumise à la loi romaine; voyons maintenant ce qu'on pensait dans l'autre :

Dès 1270, les *Etablissements* de Saint-Louis défendaient rigoureusement toute convention, tant que le procès était en marche. Nous ne nous sommes pas contenté d'en suivre des copies plus ou moins infidèles, nous avons tenu à remonter aux sources et nous donnons ici la copie exacte de deux manuscrits conservés à la bibliothèque nationale :

Le plus ancien, qui est du XIIIe siècle, — s'exprime ainsi : « Et il ne doit faire (l'advocat) nul marchié à celui por qui il » plaide *plet pendant*. Et droit le déffend au code *de postulando* » et la loi qui commence *quisquis vult esse causidicum* et ce appartient à loyal advocat. (1) »

Il y a une variante dans un manuscrit plus récent qui a passé tour à tour dans les bibliothèques *Séquiriana* et *Coisliniana* avant d'arriver dans celle de l'état où elle se trouve à présent. (2) « Et si ne doit fere nul marchié à celui pour qui il plaidoie plet » pendant et droit le déffend au code *de postulando*. (le reste » comme dans le premier manuscrit). »

On lit, dans Bouteiller, la même déffense dans des termes presque identiques, mais orthographiés un peu différemment : « Ne » ne doit faire nul marché à celuy pour qui il meine la cause, tant » que la cause dure. (3) »

Un de nos vieux jurisconsultes vient à son tour à la rescousse et tous ceux qui ont reproduit ou cité le passage semblent y faire écho jusque dans ces derniers temps : « De telles pactions » sont nulles, dit-il sans hésitation ; *nulles* PARCE QU'ELLES NE » SONT PAS HONNÊTES. Elles sont contre l'honneur et par consé» quent contre le devoir de la profession. Ce qu'un avocat reçoit » en récompense de son travail s'appelle *honoraires*. Il faut donc » que tout y respire le désintéressement et l'honneur ; autrement » celui qui agit contre son institut et contre les règles de son état

(1) N° 5278,

(2) Sous le N° 16193. P. 135.

(3) *Somme rural*, second livre, tit. 2.

» ne fait rien qui soit autorisé par la loi ; elle ne donne point » d'action en pareil cas. Elle refuse son ministère et sa puis- » sance (1).

C'étaient là les règles partout en France anciennement et indistinctement, en ce qui touche les pactes Ils étaient interdits entre l'avocat et son client; faits pendant l'instance, ils étaient réputés nuls et non avenus.

Réduit pour régler l'honoraire à attendre la fin du procès; voyant, d'autre part, fermé devant lui l'issue qu'il s'était frayée dans les temps primitifs et bien avant Justinien pour arriver à un règlement anticipé par un détour désormais impraticable en présence de l'interdiction des prêts simulés, que fit l'avocat trop avide, que fit-il avant et après l'avènement de Constantin-le-Grand ? Que fit-il ?

Il semble qu'il ne pouvait tomber plus bas et pourtant il trouva moyen de dégénérer encore davantage. Voici la route tortueuse qu'il imagina pour descendre au-dessous de ce triste niveau. Il se livra à une pratique honteuse par dessus toutes les autres ; nous voulons parler du pacte sur droits litigieux ou si on veut des pactes subordonnés aux évènements du procès.

§ II. — PACTES SUR LES DROITS LITIGIEUX.

1° *Dans l'ancienne Rome.*

Sous les empereurs payens ou vers le temps des premiers empereurs chrétiens, que vit-on à Rome ?

Il se rencontra des avocats qui se firent *brocanteurs de procès*. Leurs clients étaient-ils dans des embarras inextricables ; étaient-ils besogneux, dans l'impossibilité d'avancer les frais du procès, les avocats offraient tantôt d'en faire l'achat, tantôt de s'y associer, tantôt de prendre des honoraires proportionnels, ou des objets litigieux, à titre d'honoraires et à forfait.

Ces pactes donnèrent lieu aux plus criants excès, à des scandales, à des plaintes et enfin, quand la mesure fut comble, intervinrent des lois répressives, des lois *ad hoc*.

Les lois générales prohibitives des pactes consommés pendant

(1) Rayot sur Périer, tome Ier, p. 364.

la litispendance auraient suffi ce semble pour réprimer ces écarts ; mais il en parut de spéciales, tant le mal était pressant. Il est bon de bien se pénétrer de leur esprit et de déterminer exactement leur tendance bienfaisante.

Le mal passé, les remèdes employés serviront peut-être à l'apparition d'un mal nouveau ou différent à certains égards, pour en faciliter le diagnostic et assurer l'efficacité du traitement contre les nouveaux symptômes qui se manifestent.

Toute la théorie du droit romain sur les pactes entre avocat et client porte le cachet de la prévention, qui éclate de toutes parts contre le premier. *A priori* le législateur soupçonneux veut prémunir contre lui le second et empècher qu'il tombe dans les pièges tendus à l'ignorance et à la simplicité crédule.

Les cessionnaires de droit litigieux ont inspiré à bon droit partout la répugnance la plus vive ; de tous ces oiseaux de proie (vultures togati, comme on disait à Rome), le plus dangereux, le plus redouté, a été sans contredit l'avocat. Il fut un temps où aucun frein ne le retenait. Tant que l'avocat oublieux put impunément se livrer à son vil métier, ce fut l'ère des écarts les plus odieux.

On parvint enfin à se raviser et on songea à faire la chasse, une chasse en règle, à ces carnassiers s'abbattant plus volontiers et s'acharnant de préférence sur les positions les plus compromises, pour en tirer de plus gros profits.

Pour le législateur, l'objectif principal était sans doute la protection du faible contre le fort. Empêcher que le client novice et besogneux, emprisonné dans un litige plus ou moins compliqué, plus ou moins douteux, et incapable de comprendre sa position obscure, se livrât, inconscient et par crainte excessive, à l'avocat connaisseur, c'était bien là son but avant tout autre.

Mais, ce but, n'était pas le seul. Une autre considération, une considération de haute convenance et de moralité devait aussi peser sur la balance dans les conseils du législateur et tenir sa prévoyance en éveil. En effet si, dénaturant son rôle et trahissant sa mission, l'avocat devenait partie intéressée, ne se livrerait-il pas désormais au courant d'une passion mauvaise, et cette passion, enflammée par l'intérêt personnel, ne le pousserait-elle pas à un parti extrême et jusqu'à des actes désespérés que réprouveraient la conscience et l'honneur ?...

Ces réflexions ont dû inspirer les intelligents coopérateurs de Justinien et ses prédécesseurs dont les rescrits ont été fondus dans son code. Elles servent de boussole, en tous cas, à un de ses interprêtes les plus estimés qui laisse ainsi percer ses soupçons et ses reproches les plus amers contre l'avocat cessionnaire, si on l'admettait à entrer en lice avec l'adversaire du cédant : « Il serait » à craindre, dit-il, qu'il ne cherchât à arriver à la victoire à » l'aide du mensonge, *per fas et ne fas*. (1) »

Tout bien considéré il a donc paru immoral que l'avocat se rendit cessionnaire de droits litigieux ou qu'il y devint participant à un titre quelconque et même qu'on lui donnât un intérêt direct ou indirect dans l'affaire placée sous son patronnage.

Rendons cet hommage aux législateurs de l'ancienne Rome, le système de répression une fois accepté, on n'a plus dévié sur ce point capital dans la ligne de conduite adoptée par le premier d'entr'eux qui est entré à pleines voiles dans cette voie moralisatrice. Le système toutefois n'a pas été l'œuvre d'un jour et n'est pas sortie tout d'une pièce de l'arsenal d'un seul législateur. Il a fallu du temps, des expériences longues, multiples, sévères, soutenues ; enfin, plusieurs décisions répétées ont servi à lui donner une solennelle consécration.

Le plan régénérateur s'est développé sous plusieurs règnes ; son expansion a continué depuis ; elle continuera même après nous sans doute et l'édifice s'élèvera encore dans des proportions désirables avant d'arriver enfin à son glorieux couronnement.

De vieille date, on avait condamné, à Rome, en les flétrissant comme impurs, les pactes sur objets en litige, intervenus entre celui qui plaidait et celui qui était chargé de soutenir ses intérêts. Défense était faite à celui-ci soit d'acheter le procès, comme on l'a dit, soit d'y prendre part pour son compte personnel ou par personne interposée. La contravention, vouée en principe à l'ignominie, sous la dénomination générique et flétrissante de pacte *de quotâ-litis*, est attaquée, le long des siècles, par les jurisconsultes de marque qui se plaisent à lui consacrer chacun sa note d'infamie. Brunnemann surtout qualifie ce pacte odieux de criminel au premier chef, *conscelerata pactio* (2). A entendre Voët,

(1) Brunnemann, *commentar. in codicem*, L. 5, *de Postulando*; tome 1, p. 105. 1re c. de l'édition, in-f° de Fribourg, 1715.

(2) Brunemann, *loco citato*, n° 4.

vous avez beau rencontrer des causes injustes, les plus injustes de toutes les causes, plus inique encore sera le défenseur qui s'abaissera jusqu'à tremper dans ces sordides trafics, *iniquior defensor* (1) !!!

On n'en finirait jamais si on voulait recueillir exactement et rapporter par le menu toutes les paroles indignées qui échappent, à ce propos, aux juristes les plus honorables.

Nous avons parlé de *lois spéciales* rendues en cette matière, à Rome; en veut-on la série, voici les principales du moins :

Un rescrit de Dioclétien et de Maximin Hercule (2) ouvre la marche (3) ; on y voit éclater la menace de faire perdre, à l'avocat mêlé à, un procès, qui se montre oublieux assez pour en prendre à son compte les chances et les risques de faire perdre, disons-nous, non pas seulement les bénéfices que la cupidité a fait miroiter à ses yeux éblouis, mais encore tous les frais exposés dans l'instance où il s'attache à faire réussir ses calculs. Les empereurs accordent néanmoins les frais avancés, à qui ? uniquement au mandataire gratuit, non au proxénète qui s'est ingéré dans l'opération à laquelle il devait rester absolument étranger.

Le rescrit a été inséré dans le Code Justinien. (4).

On peut voir, sur ce texte, les notes de Denis Godefroy, les gloses de Cujas et d'Hermenopule : Brunnemann s'exprime dans le même sens que ces commentateurs : *quid ad procurationem alienæ litis accedit*, dit-il, *et ex victoriâ pasciscitur sibi certam partem emolumenti, non tamen ni hil agit sed etiam somptus non repetit... sed si gratuitò gerit aliena mandata, id est non redemit litem, repetit somptum.* (5)

En 368, Valentinien et Valens dans un rescrit adressé à Olibrius, préfet de la ville, déclarent privé *de tout recours*, l'avocat contrevenant : *Nullum cum co litigatore contractum quam in proprium recepit fidem ineat advocatus: nullam conferat pactio-*

(1) Voët *ad pandectas, de pactis*, n° 18.

(2) Empereurs de 284 à 305. (année de leur abdication).

(3) L. 6, § dernier et 7 au digeste. *mandat vel contrà* ; L. 15, *de procurat.*, au code.

(4) L. 20, Pr. et § 1er. *mandat. vel contrà*, au Code Just.

(5) L. L. 20 citée et 6 § dernier et L. 53. au digeste, *de Pactis* ; Brunnemann, *comment. ad codicem.* sur la L. 20.

nem (1). Sur quoi, le laconique Godefroy a noté : *nullum neque pactum, neque contractum de lite aut de mercede.* (2)

Déjà, à cette époque, par son rescrit de 325 adressé à Hollandius, Constantin-le-Grand, avait lancé en termes sévères son interdit sur les pactes *de quotâ litis* et infligé, au réfractaire, la peine humiliante de la radiation sur les dyptiques de l'ordre. (3)

Après de pareilles démonstrations; après l'inauguration de pénalités aussi graves mais si bien justifiés, les lois modernes pouvaient-elles, devaient-elles désarmer? Assurément non. Aussi se sont-elles bien gardé de le faire. Les lois modernes se sont au contraire partout montrées méfiantes et ont tenu ferme en présence d'un danger permanent; partout, dis-je, chez nous et chez les peuples voisins.

2° *En France.*

I.

Que s'est-il passé en France?

Là où la loi romaine régissait le pays, on en a évidemment recommandé les préceptes, ordonné leur application et maintenu leur salutaire rigueur.

Partout ailleurs la tradition s'était modelée en cette matière sur des règles si sévères et si sages à la fois des pays de droit écrit.

L'empreinte s'en retrouve particulièrement dans Bouteiller. Nous avons déjà fait connaissance avec le passage de la *somme rurale*; mais je n'en tiens pas moins à le reproduire en lui conservant tous ses développements : « *Item* et doivent (les advocats » ou avant parliers) maintenir à leur advis causes justes et con» seiller et non d'autres, de prendre salaires attrempez et raison» nables selon le cas et qui fait au contraire ou qui marchande à

(1) L. 6. § 2, au Code, *de Postulando*.

(2) Sur Loi cité, note O ; v. aussi *Synopsis Basilicorum* (ou Synopsis major). l. 15 et 18.

(3) Code Théodosien. L. 1 *de postulando*, L. 5 *de postulando*, au code Justinien. V. Cujas 8e observation, 31 et 16 ; Oléa, *de cession, Jurium*, t. 3. q. XI, no 36 et 37, 41. Art. 71.

» partie de mener la cause pour en avoir la moitié ou le tiers ou
» partie d'icelle, sachez que c'est faussonnerie et chose défendue
» par la loi écrite à peine d'être privé de l'estat de advocacerie à
» grand blâme et confusion. Mais doivent prendre leur salaire
» en convenable somme de pécune et non pas de la même chose;
» car trop de fausseté s'en pourrait ensuyvir par la subtilité des
» advocats pleins de pratiques. (1). »

On ne s'en est pas tenu là toutefois.—Qu'est-il arrivé par la suite ?

En 1560, une ordonnance de Charles IX défendit « *à tous* » *juges*, AVOCATS et *procureurs, d'accepter directement ou in-* » *directement aucun transport* et *cession* des *procès* et *droits* » *litigieux* ès *cours sièges et ressorts* où ils *seraient officiers.* » Semblables défenses sont faites AUX AVOCATS, *procureurs* » et *solliciteurs des parties* pour *le regard des causes et procès* » dont ils *auront charge*, à PEINE DE PUNITION EXEM- » PLAIRE. (2). »

L'ordonnance de Louis XIII, du mois de janvier 1629, précise de mieux en mieux et ajoute à la précédente, en disant, art. 94 : » Faisons très expresses défenses *à tous juges*... AVOCATS, *procu-* » *reurs, clercs, solliciteurs, de prendre aucune cession de dettes* » *pour lesquelles y ait procès, droits et actions,* soit en leur » nom ou d'autres personnes par eux interposées *sous peine de* » *perte des choses cédées* pour lesquelles nous voulons y avoir » répétition contr'eux jusqu'à dix ans après que les arrêts ou » jugements auront été rendus. »

II.

On se demandera peut-être pourquoi tant de lois, tant d'ordonnances, tant d'arrêts de réglements pour une seule et même contravention ; la réponse se trouve écrite dans les livres de Jacques de Maleville : « Ces défenses (d'acheter *des droits liti-* » *gieux*) ces défenses, dit-il, ont souvent été renouvelées par des » arrêts de réglement ; *mais on prétend* QU'ELLES ÉTAIENT » MAL EXÉCUTEES. (3) »

(1) *Somme rurale*, second livre tit. 2.
(2) Art. 54.
(3) *Analyse raisonnée de la discussion du Code civil* au Conseil d'Etat, sur l'art. 1597.

Rien ne prouve sans doute qu'il faille mettre chûtes et rechûtes au passif des avocats tout seuls ; mais, voici la nomenclature des incapables d'acheter, telle que l'établit l'art. 1597 : « Les juges, » leurs suppléants, les commissaires du gouvernement, leurs » substituts, (les magistrats remplissant le ministère public) les » greffiers, huissiers, avoués *défenseurs officieux* (AVOCATS) et » notaires ne *peuvent devenir cessionnaires des procès, actions » et droits litigieux, qui sont de la compétence du tribunal » dans le ressort duquel ils exercent leurs fonctions*, à peine de » nullité et des dépens, dommages intérêts. »

La prohibition, on le voit, s'est élargie à certains égards. En ce qui touche taxativement LES AVOCATS, elle ne se borne plus *aux avocats du procés*, comme le pensait Boucher d'Argis (1) ; elle s'étend *à tous les avocats du ressort* où se trouve porté le litige, suivant l'observation de Troplong (2).

Mais, au lieu d'infliger aux contrevenants, la perte des objets cédés, à l'instar de l'ordonnance de Louis XIII, le code se borne *à annuler le marché* et à donner accès à des dommages-intérêts. Pour ce qui est des *punitions exemplaires* établies par Charles IX, le code se tait ; mais reste en réserve l'action disciplinaire, toujours ouverte contre les atteintes portées à la morale, à la délicatesse, à l'honneur, à la dignité professionnelles, sans qu'il y en ait aucune mention expresse dans la loi pénale.

Ainsi, d'après nous, quoi qu'il n'y ait pas d'incapacité déclarée dans nos codes pour l'achat d'objets en litige devant d'autres sièges, l'avocat assez téméraire pour y tremper, pensant qu'il peut impunément forligner hors de chez lui et s'y prostituer dans d'ignobles trafics, l'avocat n'échapperait pourtant, à une action en nullité, que pour tomber à pur et à plein sous le coup d'une action disciplinaire.

Car, remarquons le bien, ce n'est pas seulement l'achat du procès que l'avocat doit s'interdire conformément aux règles anciennes et modernes, il doit se sevrer de toute spéculation immorale, de tout marché suspect, peu importe que ce marché soit qualifié ou non ; il suffit que la conscience humaine le repousse et se soulève à son approche instinctivement.

(1) Sur les questions *alphabétiques* de Bretounier, V° DROITS LITIGIEUX.

(2) *De la vente* tome 1, n° 197.

Vinnius (1) et M. Troplong (2) d'après lui, ont en cette matière une théorie qu'il faut suivre.

Voilà pour la France. Ailleurs, que se passait-il ? Voyons-le :

3° *A l'étranger.*

I

Partout où le droit romain a pénétré comme loi, partout le pacte de *quatâ litis* s'est trouvé proscrit par forme radicale, ce pacte lui-même et ses dérivés bien accentués.

Dans ses *Annotations*, sur les *Décisions Napolitaines* de *Mathœus de afflictis*, César Ursuli nous montre le royaume de Naples soumis, de son temps (3), à la législation romaine. Il nous apprend qu'en 1557, le Grand Conseil de Naples rendit, dans la cause d'Octavien de Nigris, un arrêt par lequel il refusa d'ordonner l'exécution d'un pacte de *quatâ litis* nonobstant le serment fait d'avance de payer un honoraire entaché d'exagération. (4)

II

Voët, à son tour, nous montre la Hollande, le Brabant, la Belgique et la Flandre, (5) repoussant, sous l'inspiration de la législation Justinienne, des conventions faites entre patrons et clients, des conventions qui vaudraient entre contractans ordinainaires et qui sont considérées comme honteuses précisément par le fait de la qualité des contractants et à cause de leurs relations respectives. (6) Celles-ci sont réputées, par ce fait, odieuses et répréhensibles : *odiosæ censentur et reprehendendæ....*

(1) Vinnius, *de pactis* ch. 18, n° 9.
(2) *De la vente*, tome 1, n° 196 et suiv.
(3) 16ème siècle.
(4) *Annotatio in decisione* CXXIII, p. 159 de l'édition in-f° de Lyon, 1608.
(5) Instruction *Curiæ Hollandiæ* art. 71 ; — Brabantinæ, art. 288, Flandriæ, art. 154.
(6) Voët, *Comment. ad Pandectas, de pactis*, n° 18. *Lib.* II, *tit.* 14.

Du temps de Voët, les avocats étaient réduits à s'engager par serment à ne *jamais tremper dans de pareils marchés.* (1).

Notre auteur a soin de signaler la Hollande comme particulièrement hostile aux pactes intervenus dans le feu de l'action, *fervente lite.* (2).

Nulle part, chez les Néerlandais, le serment prêté à l'appui des pactes prohibés n'a établi de lien de droit et n'a paru obligatoire (3). Au contraire, toute libéralité faite ou promise, chez eux, pendant que le client était sous la domination du patron, était réputée extorquée par la peur de voir le procès mené à la dérive, plutôt que consentie par une volonté libre ; en sorte qu'il y a, dans les INSTRUCTIONS, *défense formelle, à l'avocat, de s'en prévaloir.*

Nous n'insistons pas ainsi sur ces points sans des motifs puissants. Nous cédons, au contraire, au besoin pressant d'y préparer nos acheminements pour aborder plus aisément les difficultés qui nous restent à attaquer et à résoudre.

§ III. — LE PALMARIUM.

Le *palmarium* était en quelque sorte la palme de la victoire, promise à l'avocat en cas de gain du procès. Du pacte de *quotâ litis* au palmarium, il n'y a pas, du moins au point de vue des principes, l'épaisseur de la main. Ils ont tous deux même nature. Etant de même essence, il était rationnel, pour l'un, de partager la destinée de l'autre. La prohibition qui frappa le premier condamna l'autre virtuellement et par anticipation.

C'est du reste l'enseignement de l'école. Elle range logiquement le pacte qui subordonne le chiffre des honoraires aux événements dont l'avocat est en quelque sorte le directeur, elle range le *palmarium* dans la classe des pactes prohibés faits CONTRA BONAS MORES et les déclare tous nuls indistinctement, ou plutôt écoutons Vinnius : « Inter pacta quæ contrà *bonas mores* fiunt, memora- » tur et pactum quo causidicus à litigatore litem redemit et *con-*

(1) Voët, *loco. citat.*

(2) *Ib. ibid.* et article cité des *instructions* pour la Hollande, V. aussi art. 81.

(3) V. les articles ci-dessus cités des *Instructions.*

» *venit* ut NOMINE MERECDIS certam *partem hujus pecuniæ et quæ* » *adjudicata fuerit* VEL MAJOREM ALIQUAM SUMMAM IN EVENTUM » LITIS accipiat » (1). »

Voët ne diffère pas de Vinnius en ce point capital. (2)

Citons, comme adhérents du système, Brunnemann, Ménochius et tant d'autres encore.

Il existe, du parlement de Paris, un arrêt de réglement, à la suite de l'ordonnance du 11 mars 1344 qui l'avait réglementé elle-même sévérement, sous Philippe de Valois (3). Entr'autres dispositions on y trouve posé en règle *que les avocats ne feront avec leurs clients aucun traité sur l'événement du procès.*

Ainsi, se trouve formellement proscrit, à partir de ces temps reculés, le *palmarium* qui n'avait fait son invasion que, grâce à l'oubli de la régle générale interdisant les promesses de client à patron *antè causam actam* ou les marchiés *plet pendant* ; ce qui n'empêche pas toutefois, remarquons-le pour prévenir une confusion fâcheuse, ce qui n'empêche pas de tenir compte dans certaine mesure du succès une fois obtenu, pour une fixation ultérieure d'honoraires (4). puisque l'importance du procès (5), peut, d'après nos règles, entrer en ligne de compte pour la fixation de l'honoraire, tout en excluant la convention préalable qui tendrait à faire élever, eu égard au résultat futur, le chiffre à une somme déterminée d'avance.

Aussi nos auteurs modernes, Troplong (6), Dalloz ainé (7), son frère Armand, Mollot (8), entraînés par ces autorités, sont-ils d'accord avec les anciens pour repousser la fixation anticipée d'un honoraire déterminé par le résultat du procès, tout en admettant toutefois, comme considération, le gain du procès, puisqu'ils

(1) *Vinnius, de pactis Cap.* 18 *num.* 9.

(2) Voët, *ad Pandectas, de pactis*, n° 8.

(3) Ordonnances du Louvre, tome 11. p. 227, et Boucher d'Argis, p. 99 et s.

(4) *De la Vente*, tome Ier, n° 196.

(5) Duchaine et Picard Edmond, *Manuel pratique de la profession d'avocat en Belgique*, règle 91e, p. 312 de l'édit^on^ de 1869.

(6) *De la vente*, tome 1er n° 196.

(7) Répertoire, V. AVOCAT, n°.

(8) *Régles de la* profession d'avocat, tome 1er p. . . . . de la 2e édit.

admettent, comme base essentielle d'appréciation, *l'importance de ses suites* (1).

La pratique des barreaux s'est épurée en ce point essentiel en s'éclairant à la lueur des principes généraux, sans le secours des règles spéciales. Le *palmarium* a fini par forlonger, sortir tout à fait des habitudes des gens d'affaires et se perdre comme conséquence logique de la disparition du *de quotâ litis* qui, traqué de toutes parts, s'est enfin dérobé devant les poursuites qu'on a dirigées avec persévérance contre lui, reconnaissant par là que tous les pactes arrêtés *plaid pendant* sont absolument de la même famille et condamnables tous au même titre (2).

Le lecteur, distrait peut être par les longs développement donnés avec préméditation à l'examen circonstancié de tout ce qui concerne plus particulièrement le de *quotâ litis*, et ses dérivés les plus compromis, n'apercevant pas les rapports qui existent entre tous ces pactes, le lecteur a craint peut-être que nous ne nous égarions dans un épisode présentant à peine pour lui une lointaine affinité avec ces conventions si impitoyablement anathématisées et cependant nous ne nous écartions en apparence de notre sujet que pour y revenir porteurs en quelque sorte de jalons indicateurs à disposer le long du trajet qui nous reste à parcourir, afin d'en marquer plus sûrement la direction.

Et bien ! nous voilà arrivés au point culminant de la difficulté qu'il nous reste à résoudre pour en finir avec les expédients divers introduits comme palliatifs du système opposé à l'exercice de l'action.

Il s'agit de la provision dont tant de barreaux, disons-le bien haut, font usage et quelques uns abus.

§ 4. — LA PROVISION

I.

La provision à conserver, à généraliser même, ou à combattre et à rebuter, voilà la difficulté encore sur pied.

(1) V. encore l'Ordonnance du 23 octobre 1274 qui indique *l'importance* de l'affaire comme base d'appréciation de l'honoraire.

(2) Troplong, de la vente *loc. citat.*

La provision qu'est-elle ? C'est le paiement anticipé *d'honoraires.*

Elle devrait être le versement d'un simple à-compte ; mais, elle peut aisément masquer l'obtention d'à-comptes multipliés, exagérés mêmes et, d'à-comptes en à-comptes arriver jusqu'à de véritables exactions.

Prenez-la à son début et supposez-la aussi raisonnable, aussi modérée que possible, la première démarche d'avocat à client, pour certains clients, n'en paraîtra pas moins un soupçon blessant et une inconvenance choquante envers eux.

Pour tous, du moins s'ils réfléchissent, quelle sera la première impression à la demande d'une provision ?

Elle se présentera, quoi qu'on fasse, au premier regard, avec une physionomie au moins étrange. En effet, recevoir prématurément une récompense qu'on n'a rien fait pour gagner, avant même d'être en mesure de connaître le sérieux des difficultés à traiter, tant qu'on ne peut pas calculer l'importance du travail à faire pour les résoudre, ne sachant pas même si on pourra, si on devra conduire sa tâche jusqu'au bout, ou si, avant d'arriver au mi-terme, on ne sera pas forcé de conseiller au client engagé dans un mauvais pas, de tourner bride, et de capituler ; s'exposer à demander à l'aveugle une somme trop forte quand, de règle, l'avocat n'est pas sujet à reddition de compte ni exposé à une action en répétition (1), ni obligé en droit rigoureux à restituer le trop perçu, n'est-ce pas là tout ce qu'il peut y avoir au monde de plus exorbitant, de plus risqué, j'allais dire de plus compromettant et même de monstrueux! Au point où on prend l'affaire, comment même oser articuler une demande telle quelle de provision ? Comment hasarder un chiffre quelconque? Comment pren-

(1) L'avocat, à Rome ne rendait pas l'argent qu'il avait reçu quand il ne plaidait pas, a moins qu'il ne refusât de le faire, ou qu'il ne le fit pas par sa faute. Paulus, *libro singulari regularum*; Pline, lib. V. épistol 5 ; Pothier, Pandectæ *Justinian.*, Lib. III, tit. 8, art. III ; L, 38, § 1, au Digest, *locati et conducti* et Mornac sur ce texte, p. 491 et 3 de l'édition in-f° de Paris 1647. *Conducti* (XIX, 22).

Les héritiers ne pouvaient jamais être forcés de restituer. Ulpien, *Lib.* 8, *de omnibus tribunalibus*, V. Mollet, p. 81, éd. de 1842, p. 121 et 3, tome 1er, de la 2me édition; MM Duchaine et Edmond Picard; *Manuel de la profession d'avocat en Belgique.*

dre, avec droit de la retenir après examen de l'affaire, une somme remise avec le dossier dont on n'avait vu, de l'enveloppe, que la couleur et le format ?

Qu'un voyageur, connu ou inconnu, se présente au guichet d'un chemin de fer; qu'il y indique, au départ, le lieu de sa destination et, sur le parcours kilométré, que le montant de la carte soit payé jusqu'à la gare d'arrivée, rien de plus naturel; mais, le plaideur qui s'embarque dans un procès ne connait pas, ni son pilote pas plus que lui, la longueur du trajet; ils ne peuvent soupçonner les accidents de la traversée; ils n'apprécieront au juste qu'à l'arrivée ce qui sera dû, en d'autres termes, c'est après jugement *post causam actam*, qu'il peut-être opportun, qu'il sera même possible de régler si on veut le faire en connaissance de cause et équitablement.

On pourrait s'étendre à l'infini si on entreprenait l'histoire complète des abus qu'a engendrés le système des *provisions*. Bornons-nous à signaler les plus éclatants :

Une des sommités du barreau de Paris avait l'insigne honneur, avant 1830, de voir arriver à lui les plns importantes affaires; mais, parfois dans la précipitation et pour l'aborder des premiers, les avoués envoyaient les dossiers nus; ce que voyant bientôt avec son œil de lynx, Me D... arrêtait à la porte le jeune clerc et, de sa voix la plus rude, lui criait; « Rapportez, jeune homme, rapportez les pièces à votre maître et dites lui : *La principale manque !...* » Ai-je besoin de le dire, la pièce principale c'était la provision !

A Toulouse, vers la même époque, une autre célébrité, voyait-il arriver en même temps les deux dossiers, son parti était bientôt pris : « Combien sur chaque dossier, disait-il gaiement aux por-» teurs de pièces ? » Sur leurs réponses, il retenait celles qui étaint doublées du plus grand nombre de pistoles et, chose pénible à rappeler, si le poids des pistoles a fait pencher de ce côté le grand-orateur; grâce à son immense talent, les pistoles ont souvent décidé du bon droit.

Après ces récits douloureux, on se sent un peu soulagé en apprenant la conduite toute différente d'un ancien du barreau Bordelais. Il voyait aussi accourir à lui les deux parties dans les grands procès. Après s'être assuré que leurs dossiers ne renfermaient pas de secrets, il les retenait l'un et l'autre, en disant :

« Après examen approfondi, je ferai mon choix et je *gardera celui qui me paraîtra le meilleur !* » Voilà les louables exemples qu'ont eus sous les yeux, dans leur jeunesse, les légistes qui composent aujourd'hui ce noble barreau.

II.

On chercherait vainement à se le dissimuler, dans les conditions actuelles, la provision ira fatalement se heurter par quelque bout contre les principes généraux de droit qui condamnent les pactes contractés pendant l'instance et contre ceux qui atteignent le *de quotâ litis*, les prêts fictifs, le *palmarium*. Quoi qu'on fasse, la provision trouvera toujours sa condamnation dans l'esprit qui a inspiré les mesures prévoyantes de Trajan, les *Etablissements* de Saint-Louis, l'art. 45 de l'ordonnance de 1435 (de Charles VII), enfin l'article 35 du décret organique de 1810 ; *article abrogé et pourtant toujours observé parmi nous*, dit M. Mollot.

La provision qu'on demande, qu'on impose, après l'avoir au besoin marchandée, ou fait discuter par l'organe de l'avoué, n'est-elle pas diamétralement contraire à la lettre ou à l'esprit des recommandations si nobles et si dignes de cet ancien bâtonnier, citées par M. Mollot, tirées de la *Profession d'avocat* de Dupin aîné, reproduites avec complaisance dans ses livres, sinon dans ses actes et dont je m'honore, en les répétant, de me faire, après eux le fidèle et respectueux écho : « Nous devons éviter » d'obliger nos clients par nos manières ENVERS EUX PENDANT » QU'ILS ONT ACTUELLEMENT BESOIN DE NOUS, À NOUS RÉCOMPENSER AU-» DELA DE CE QU'ILS ONT RÉSOLU. » (1).

Enfin, en pressant le pas pour recevoir plus vite cette provision suspecte pendant que se fait sentir le besoin du service que le client réclame ; pendant que sa générosité est stimulée par le danger qu'il court, l'avocat qui se fait soupçonner de vouloir profiter de la circonstance pour le rançonner, ne mérite-t-il pas le reproche sanglant de Quintilien qui accuse cet orateur si industrieux, si âpre à la curée, de procéder à la façon des Corsaires, *more piratico*. (2) ?

(1) Camus, 1re lettre.
(2) *Lib. XII.*

En voilà assez, je crois, pour nous tenir en garde contre la *provision* présentée pourtant à Paris comme une panacée bienfaisante, destinée et contribuant à porter remède à tous les maux qui travaillent le corps des avocats, comme un beaume réparateur pour toutes ses souffrances, comme le correctif, comme le contre-poids, du système qui enlève, à l'avocat, le droit d'action en lui en ôtant l'exercice.

III.

Il faut néanmoins le reconnaître, la provision avait été autorisée à Rome; mais, quand et par qui? Suétone nous montre l'institution dans son berceau sous le règne de Néron et c'est, à cet empereur qu'en reviendrait, d'après cet historien, le *triste honneur de la paternité*. (1).

Que la *provision* fut tolérée déjà au temps des jurisconsultes Paul et Ulpien, c'est ce qui s'évince de leurs écrits et de deux passages entrés plus tard dans la compilation Justienne.

Ainsi, l'avocat recevait de l'argent avant de plaider, puisque, d'après le premier des deux jurisconsultes, il n'était pas tenu de le rendre quand même il ne plaidait pas, à moins qu'il ne refusât de le faire (2) ; ses héritiers, d'après l'autre jurisconsulte, ne pouvaient pas être forcés à restitution quand il n'avait pas plaidé au jour de sa mort, on l'a déjà énoncé (3).

Par conséquent, à compter de Paul et d'Ulpien, ou même à compter de l'empereur Sévère (4) et, en tout cas, à compter de la codification justinienne (5), le premier chapitre du sénatus-consulte édicté sous Trajan n'était plus observé ; c'est la conclusion à tirer des deux textes. Restait debout seulement le second chapitre qui maintenait le *maximum* adopté du temps de Claude pour les plaidoiries (6). La preuve que la provision était tolérée avant

(1) Snétone, vie de *Néron*.

(2) Paulus, *Libro singulari regularum;* Pline, *Lib.* V. *Epistol.* 5; Pothier, *Pandect justinian. lib.* III. *tit.* 1. *art.* III; L. 38. § 1 au Digeste, *Locati conducti* (XIX. 2).

(3) Ulpien, L. 8 de *omnibus tribulun bus.*

(4) L. 1, § 13, au Digeste, de *(variis) et extraordinar. cognitionibus.*

(5) L. citées.

(6) 100 pièces d'or ou 10,000 sexterces.

Paul et Ulpien n'est pas expresse, si vous voulez, dans ce qui nous reste de leurs écrits ; mais, elle s'y montre toute fois à fleur de lettre pour tout esprit pénétrant.

Que si, après les défenses portées contre les pactes prématurés, par une contradiction inexplicable la provision s'est glissée dans cette savante marqueterie du Digeste et s'y trouve introduite avec tous ses mauvais germes, du moins on y rencontre deux soupapes de sureté qui font défaut de notre temps ; nous voulons parler : 1° du *maximum* d'honoraires parfaitement déterminé ; 2° d'un autre recours ouvert pour la révision du chiffre et, quand il y avait lieu, pour la faire restreindre dans ce qu'il pouvait y avoir d'excessif et la ramener, au moyen de la réduction, au chiffre que l'avocat ne doit ni ne pouvait dépasser impunément (1).

IV.

1° *En France.*

Et si, sous l'empire de la loi romaine, la provision, comme c'est malheureusement certain, a pu passer dans les habitudes du barreau, en y pénétrant d'une façon subreptice par les fissures de dispositions mal jointes entr'elles, parce que la subtilité et la ruse ont su découvrir et prendre avec avantage des passages mal gardés, le caractère dominant de la législation est certainement en opposition avec ce genre de pacte comme avec les autres pactes, œuvre, l'un aussi bien que les autres, des heures de ténèbres et des heures les plus suspectes.

Aussi, qu'est-il arrivé chez nous ? Des réactions favorables se sont produites à plusieurs reprises :

a. Dès 1435, une ordonnance de Charles VII condamne ces abus.

b. et c. Longtemps avant, Saint-Louis les avait prohibés dans ses *Etablissements* et Bouteiller les condamne dans la *somme rurale*.

On ne l'a pas perdu de vue, l'avocat, d'après le premier, *ne doit fére avec celui por qui* il plédoie *nul marchié plet pen-*

(1) Liv. 12 au Dig., *de extraordinar. cognition.*

dant et, d'après le second, *ne doit faire nul marché por qui il maine la cause, tant que la cause dure*, et, nous le demandons, y a-t-il marché, oui ou non, dans la demande, l'offre et l'acceptation d'une provision ? assurément oui.

d. Depuis la prohibition du moyen-âge, depuis l'ordonnance de 1435 et les usages conformes qui se sont maintenus chez nous, le décrêt du 14 décembre 1810 est entré à pleines voiles dans ce système prohibitif, en défendant, aux avocats, de *forcer les parties à reconnaître leurs soins* AVANT PLAIDOIRIES (1).

L'article 45 de l'ordonnance du 22 novembre 1822 a sans doute rapporté le décret organique de 1810, mais, comme dit M. Mollot : « s'il a été abrogé (le décrêt) nous lui rendons hommage en ce » point capital » (2). Les convenances, qui survivent aux lois passagères, surtout quand elles sont calquées sur la tradition et sont d'accord avec le caractère national, les convenances y suppléent.

Et M. Mollot, conséquent avec lui-même, parait se prononcer ailleurs, dans *les règles*, contre la provision ; mais, la pratique est tout à fait contraire à cette théorie dans le sein du barreau de Paris et des barreaux imitateurs. Aussi, dans la pratique, la provision est-elle enracinée plus que jamais dans tous les barreaux fermés à l'action directe en paiement d'honoraires.

2° *En Belgique.*

Les avocats Belges, au contraire, fidèles au décret du 14 décembre 1810, comme à l'époque où leur patrie était annexée à la nôtre et dociles aux prescriptions de l'article, continuent de nos jours à repousser l'usage de la provision. Je me trompe ; ils l'admettent mais uniquement comme garantie de paiement, en dépôt chez l'avoué où elle reste pour être touchée par l'avocat à la fin du procès, pas avant (3).

3° *En Autriche.*

L'Autriche, de son côté, a, dans son code civil, une disposition

(3) Art. 36 du décret organique.

(4) *Règles sur la profession d'avocat.*

(1) Duchaine et Edmond Picard. *Manuel pratique de la profession d'avocat en Belgique*. p. 314.

qui met, sur la même ligne, le *pacte fait avec un courtier pour la négociation d'un mariage*, le *pacte sur succession future*, celui *de l'avocat avec un plaideur pour la direction d'un procès* et les annule tous indistinctement. (1)

De plus l'article 1163 du code civil d'Autriche exclut la provision en remettant à la fin des travaux le paiement du prix de toute espèce d'ouvrage, comme nous le verrons plus loin.

4° En Fspagne.

J'avais posé la question suivante à mon correspondant en Espagne.

« En Espagne, autorise-t-on l'avocat à régler d'avance et à se » faire payer en tout ou en partie (une provision) avant le *jugement* » avant la plaidoirie tout au moins, les honoraires, ou exige-t-on » qu'il attende la fin du procès ? »

Il me répond : « L'avocat peut convenir avec les parties liti- » gantes de la forme et du mode à suivre pour fixer et percevoir » les honoraires. Régulièrement les honoraires ne peuvent être » perçus qu'à mesure qu'ils sont dûs. A cet effet, on marque l'ho- » noraire dû au bas de chaque pièce. (2)

La réponse est exclusive *de la provision.*

Il y a là, sinon un franc retour vers les idées du règne de Trajan, du moins une pierre d'attente pour la reconstruction d'un système plus raisonnable à introduire incessamment dans les barreaux modernes ; utile au barreau, utile au client, honorable et libéral pour tous à la fois.

En se laissant aller au souffle des bonnes inspirations qui s'exhalent des législations étrangères, il est urgent de se dégager au plutôt des liens d'un système sujet à trop d'équivoques ; qui, d'un côté, chez nous, semble faire la part trop grande à des idées chevaleresques, à des idées d'un autre âge et qui, d'un autre côté, permettrait tôt ou tard, à l'avocat débarrassé de tout contrôle, d'armer en véritable corsaire sous pavillon ami et avec les dehors les plus généreux du monde.

(1) Code civil d'Autriche art 879.

(2) Lettre de M. Garlos Castel, professeur à l'école des ingénieurs des Monts à l'Escurial, en date du 22 novembre 1877.

Les équivoques, auxquelles peut donner lieu le système de la provision, devraient d'ailleurs le faire rejeter, précisément dans l'intérêt de la considération de l'avocat qu'on espère sauvegarder par là et qui gagnera à se mettre à l'abri de tout soupçon en faisant disparaître les nécessités désolantes qui font recourir à des détours trop suspects.

Si on continue à la tolérer comme garantie éventuelle de paiement, que ce ne soit du moins que sous la réserve d'en laisser discuter le chiffre devant le conseil de l'ordre après jugement et en brisant du même coup toutes les barrières élevées devant l'exercice de l'action.

En voilà assez, je crois, sur cette série d'expédients que nous venons de passer tour à tour en revue; appréciés à leur juste valeur, ils ne peuvent plus désormais retarder un progrès attendu impatiemment, une amélioration vraiment désirable; la restauration de l'action en paiement des honoraires, à rendre à l'avocat dans les pays où il en est dépouillé, dût-on y conserver l'usage de la provision, mais en y introduisant toute fois, le correctif dont j'ai parlé, c'est-à-dire un recours en faveur de celui qui aura payé prématurément.

5° *Transition.*

Pour en finir avec les expédients, passons à un autre ordre d'idées et arrivons enfin à l'intervention de l'avoué, appelé à prêter secours à l'avocat, lorsque celui-ci a perdu tout espoir de se faire payer ou de régler à l'amiable.

Et voyons pour cela :

1° Si l'intervention de l'avoué assistant l'avocat comme agent de recouvrement est de mode ;

2° et 3°. En cas d'affirmative, si ce secours est utile et s'il suffit.

Section II.—INTERVENTION DE L'AVOUÉ

L'avoué a un grand rôle dans un procès civil, *le plus grand*, dirais-je, si l'avocat à son tour n'avait pas le sien. Il est chargé, en effet des préparatifs et d'assurer, par sa bonne direction, la marche régulière des affaires contentieuses avant que l'avocat, appelé enfin, intervienne à son tour et travaille à assurer le triomphe du client, seulement ébauché au moment de son intervention. Si *la forme emporte le fond* bien souvent, c'est lui, l'avoué, qui est surtout le maître de la forme ; si la procédure compose à elle seule, suivant le langage pittoresque de Loysel, tant l'ensemble *des cerceaux qui conservent la liqueur renfermée dans un muid et l'empêchent de se perdre*, c'est bien lui qui la préserve de tout accident et de toute altération. Souvent on s'en remet à lui du choix de l'avocat et il a, dans son mandat *ad litem*, tout pouvoir pour faire appel aux auxiliaires dont les secours lui semble utile. L'étendue de ce mandat se révèle avec toute son ampleur, dans un mot consacré par l'usage ; on l'a appelé *magister litis* le maître du procès. Le mot est significatif; il n'est pas trop ambitieux.

Et si le *magister litis* met en mouvement l'avocat en particulier, n'est-il pas souvent responsable envers cet auxiliaire puissant de la récompense due. 1° La loi ne l'oblige pas en général ; mais, quand la loi ne l'atteint pas, des motifs de haute convenance ne l'excitent-ils pas du moins soit à faire l'avance des honoraires, soit à en assurer la rentrée exacte ?

Et dans cette situation délicate, quand il a pris sur lui de payer, ou même quand il s'est cru obligé de le faire, n'est-ce pas, pour le juge, le cas d'ordonner en sa faveur, le remboursement, à la première démonstration ?

2° Repousser l'avoué, contrarier le recouvrement des honoraires payés ou simplement dus sous sa garantie au moins morale ne serait ce pas méconnaître les conditions les plus ordinaires dans lesquelles l'affaire se présente à lui la plupart du temps ? ne serait-ce pas nuire aux clients eux-mêmes et à leurs affaires, en compromettre même jusqu'à la solution ?

Ce n'est pas ainsi que l'entendait la cour de Colmar, quand, traçant à grands traits les devoirs de l'avoué envers l'avocat, elle disait, dans les considérants remarquables d'un arrêt, en date du 22 janvier 1846, que « .... l'usage du barreau et la jurisprudence de la cour, ont consacré que l'avoué, qui est le mandataire du client et qui a toute liberté d'agir contre lui pour le recouvrement des avances qu'il a faites en exécution de son mandat, *doit veiller aussi au paiement des honoraires de*

» *l'avocat qui a* concouru avec lui au soutien des mêmes inté-
» rêts : *que l'avoué doit apporter, au règlement des honoraires*
» *de l'avocat,* les SOINS QU'IL MET A OPÉRER LE RECOUVREMENT DE
» CE QUI LUI EST DU A LUI-MÊME.... » (1)

3° Si toutefois l'avoué n'est pas *a priori* garant du client envers l'avocat, il peut l'être, du moins exceptionnellement d'après les circonstances, comme l'a reconnu du reste le tribunal de Castel-Sarrazin dans une affaire qui a eu les honneurs de la Cour de cassation. (2)

4° L'avoué peut d'ailleurs, dans un accès de délicatesse, par suite d'une quasi-confraternité existant entre les membres des deux compagnies, l'avoué peut se croire garant sans l'être. D'autres fois, il est enclin à assister l'avocat par obligeance, par pure amitié. Les tribunaux eux-mêmes, touchés de la position digne d'intérêt du barreau, telle que la lui fait l'usage de Paris partout où cet usage rayonne et paralyse l'action directe, les tribunaux sont disposés à accueillir l'intervention de l'avoué avec empressement et avec faveur.

5° Néanmoins le concours de l'avoué ne peut donner satisfaction suffisante et complète à l'avocat, ni abréger tous ses tourments, ni calmer toutes ses souffrances.

Loin de là, voici quelques cas où l'avocat est tenu en échec et où on pourra juger, sur échantillons, des cruels embarras que lui crée l'usage dont nous critiquons l'intolérance et la rigueur.

Intervient-il exceptionnellement dans l'intérêt de l'avocat, et assigne-t-il le client en retard, les poursuites officieuses de cet agent de recouvrement, purement fictives, laissent bien vite soupçonner quel est le véritable intéressé dont l'effigie paraît à travers le masque et ses traits défigurés par les artifices du sauvetage sont parfaitement reconnaissables néanmoins malgré l'altération des traits.

Car, qu'on le sache bien, les moyens détournés n'ont jamais rien valu. Leur emploi éveille le soupçon et ouvre le champ libre aux conjectures désobligeantes En faisant intervenir l'avoué pour agir à sa place, l'avocat encourt, pour sa considération, plus de

(1) Sirey, 46, 2, 191.
(2) Rejet, 2 mai 1853. (Sirey, 53, 1, 369).

dommage que s'il allait droit au but en agissant lui-même, et seul *à ciel ouvert*. En se cachant derrière un homme de paille, il laisse au contraire soupçonner, à son débiteur, qu'il veut obtenir plus qu'il n'est dû et, aux tiers, à un public toujours malveillant, qu'il demande ce qu'on ne lui doit pas.

Voilà quand l'avoué se prête sans sourciller aux poursuites simulées.

2. Mais l'avoué ne le fait pas toujours de bonne grâce : quelquefois il hésite ; plus souvent il refuse, sous prétexte que des actes de rigueur trop répétés mettraient en fuite les clients persécutés et éloigneraient de son étude, jusqu'à leurs voisins et à leurs amis.

3. S'il est dû à l'avoué lui-même un état considérable, il poursuit plus volontiers ; il poursuit en même temps pour les deux dettes, reçoit des à-comptes, les prélève à due concurrence, imputant toujours, quand on le laisse libre dans ses agissements, les sommes versées, sur ce qui le regarde et commence à faiblir quand il ne reste à payer que l'honoraire de l'avocat.

À la fin de la campagne, y a-t-il perte ? l'avoué tend toujours à la faire supporter en entier par l'avocat.

Ce n'est pas juste, ce n'est point la prétention et la tendance de certains avoués assez disposés à faire payer cher les services qu'ils rendent. J'ai vu un conflt dans une affaire où les poursuites de l'avoué avaient abouti à un mécompte de ce genre. La solution en fut remise au Président de la Chambre des avoués fort estimé des deux compagnies ; il se prononça ainsi :

a. Prélévement des frais proprement dit au profit de l'avoué.

b. Puis, partage du surplus entre l'avocat et l'avoué au marc le franc des deux créances (1).

Il faut tenir ferme toutefois pour arriver à un pareil résultat qui paraît pourtant indiqué si l'on veut échapper à un partage léonin.

4° Les recouvrements à l'amiable, plus encore les paiements litigieux confiés à l'avoué par l'avocat s'opèrent avec une lenteur désespérante et les fonds versés sur le tard à l'insu de l'avocat, chez l'avoué, après bien des années d'attente y sommeillent dans sa caisse, souvent pendant la vie des deux hommes d'affaires. Le

(1) Cette décision est le corollaire ce semble de la Jurisprudence de la Cour de Colmar (V, Sirey, 46, 2. 191).

décés de l'un d'eux suffit pour rendre alors la comptabilité en-tr'eux ou leurs hoirs toujours embarrassée, parfois indéchiffrable.

Voilà quand l'avoué se prête aux poursuites je ne dis pas avec empressement, mais avec plus ou moins de bonne volonté, d'exactitude et de loyauté. L'avocat, on n'a pas de peine à le comprendre, en demandant à l'avoué son concours, se trouve par là même dans une position inférieure à son égard en quelque sorte sous sa dépendance absolue. Il se rappetisse par là, j'ose l'affirmer, quand on le réduit à cette démarche pénible sous prétexte de le grandir.

Nous ne sommes pas portant au bout des inconvénients et des tribulations qui affligent le malheureux avocat, qui l'atteignent constamment, ni au bout des entraves semées sous ses pas. Continuons à le suivre dans ses stations pénibles sur la route que nous pouvons appeler je crois celle *de son Calvaire.*

5° L'avoué peut laisser à découvert et en souffrance, l'avocat par des actes de sa volonté ; il peut advenir pis encore à celui-ci :

1° En effet, l'avoué peut s'absenter

2° — — — se démettre

3° — — — mourir

4° Une rupture peut séparer les anciens amis et les éloigner l'un de l'autre plus que ne ferait la terrible faucheuse.

Et ce n'est pas tout :

5° Que d'opérations importantes confiées à l'avocat sans qu'on ait à recourir au ministère du collaborateur obligé, qui l'assiste nécessairement devant les tribunaux civils et devant les cours souveraines seulemens.

a. Opértions en arbitrage à la suite d'un compromis ;

b. Affaires commerciales, devant les juges consulaires ;

c. Affaires en dommages intérêts pour injures ou diffamation, devant les justices de paix ;

d. Actions possessoires, devant la même juridiction ;

e. Affaires administratives, devant les conseils de préfecture ;

f. Affaires du petit criminel devant les tribunaux correctionnels.

g. Affaires criminelles, devant les cours d'assises ;

h. Affaires de même nature devant les conseils de guerre ;

i. Questions d'indemnité devant les jurys d'expropriation ;

Telle est la nomenclature des affaires que l'avocat peut voir passer par ses mains successivement, affaires d'un immense intérêt puisqu'il s'agira tour à tour de la vie, de l'honneur, de toute la fortune ou d'une partie notable de la fortune de ses clients et de leurs familles : seul dans la lutte, il aura à en supporter tout le poids. Il n'y a plus pour lui, dans ces cas diverses, d'efforts, plus de responsabilité à partager avec un avoué; là il ne peut compter que sur lui-même.

Conséquemment, après la lutte, lorcqu'il y aura à régler les honoraires, que l'avocat ne compte sur aucun agent de recouvrement, mais sur lui seul.

Il n'a pu songer d'avance à régler le chiffre d'une provision faute de base pour asseoir ses calculs; il ne pourra, ni compter à la fin, comme on l'a dit, sur un agent de recouvrement, ni obtenir, par son entremise, les honoraires le jour, où il y aura possibilité de les déterminer exactement.

Dès lors, il lui faut, ou exercer l'action faute d'entente avec le client, ou renoncer à la légitime récompense quand on la lui refusera obstinément.

Ce système d'abandon de l'action, si délicat, si digne tant que que vous voudrez, ce système d'abstention si chevaleresque, dans une société démocratique et qui en a les goûts et les instincts, se résout en une véritable duperie consistant, pour l'avocat, à s'imposer un sacrifice généreux, héroïque, presque; *pour qui*, s'il vous plaît? Pour un client de mauvaise foi; *pour quoi?* pour donner une prime à l'improbité. L'éternelle morale ne peut applaudir à ce résultat qui, bien examiné, est, aux yeux de la raison, un véritable contre-sens; devant la conscience, un mauvais exemple; une blâmable et lâche concession au vice et, au plus odieux de tous, à l'ingratitude, un détestable encouragement.

EXERCICE

DE

L'ACTION DE L'AVOCAT POUR HONORAIRES

TROISIÈME PARTIE

MODIFICATIONS DANS LES USAGES DE PARIS.

On chercherait vainement à se faire illusion, on est forcé bon gré mal gré de le reconnaitre, nous sommes malheureusement entrés dans une période de décadence; elle est déjà très marquée. La bonne foi a diminué sensiblement dans les relations des hommes du temps présent. J'énonce donc hardiment cette vérité fatale : *les mœurs ne sont plus aujourd'hui une garantie de paiement pour l'avocat ; tant qu'il sera désarmé de l'action et là où il le sera, il courra de plus en plus risque de perdre la partie des honoraires qui ne sera pas sauvée à l'aide de la provision*, *Palladium* détestable qu'il faudrait ainsi bénir accidentellement, quand je suis disposé à le maudire et désireux de le briser.

Le même phénomène s'était produit à Rome vers les derniers temps de la République; mais, sous l'empire du moins, l'avocat fut de plus en plus autorisé à exercer l'action en paiement; à partir des empereurs chrétiens, l'action, dans son libre essor, fut sufffsamment reconnue, consolidée, pratiquée et désormais il ne fut plus permis de la remettre en question. En suivant une marche inverse, comme il l'a fait, de son chef, sans y être forcé, du moins en apparence par aucune mèsure législative; en contrariant disons le, la loi; en persistant à faire violence à des usages calqués sur la loi, le barreau de Paris est tombé, comme on l'a dit, dans un regrettable contre-sens.

Persistera-t-il dans son puritanisme outré ?... Ses règles sont toujours pleines de menaces contre les violateurs de la prohibition qui nous occupe, et, en principe, il ne paraît pas près de désarmer. Quant à la pratique, elle s'est au contraire radoucie.

Ainsi, tenant compte des circonstances et composant cette fois avec le temps et les mœurs, le barreau de Paris a donné l'entrée à une exception à la règle prohibitive de l'action pour le cas spécial où l'avocat, sortant de son cabinet, est allé plaider ou régler des affaires hors de son siége. Autrement et sans l'action, l'ordonnance du 27 août 1830 qui permet, à tout avocat inscrit sur un tableau, de plaider partout en France indistinctement et sans aucune autorisation préalable, l'ordonnance eût été, pour beaucoup et pour les plus renommés principalement, un vrai *cadeau de Déjanyre.*

Ce n'est pas tout, voici une autre difficulté en présence de laquelle le même barreau s'est trouvé embarassé avec ses règles : l'avocat d'une compagnie de chemin de fer l'avait poursuivie en réglement de compte et en paiement ; il avait obtenu, devant le tribunal de la Seine ou devant la Cour de Paris, 171,000 fr. pour avoir plaidé cent soxante-quatorze causes et réglé deux cent quatre vingt-onze transactions. Son procès avait fait grand bruit. Appelé devant le conseil de l'ordre, quelle a été l'issue des poursuites ? Le Conseil avait là une belle occasion de faire « du rebelle » le pendant de Linguet ; mais il n'a pas osé sévir jusqu'à la dernière rigueur, et il a préféré faiblir : au lieu de *la radiation*, il s'est contenté d'appliquer la peine de *l'avertissement* (1).

Voilà donc deux étapes déjà parcourues par le barreau de Paris dans la voie des exceptions. Les brèches faites heureusement à une règle draconnienne, doivent faire penser que d'autres modifications pourront suivre à l'occasion ; je l'espère, et surtout je le désire....

D'ailleurs, si le barreau de Paris s'obstinait à se renfermer dans ses règles absolues comme dans un fort imprenable, ne serait-il pas possible de tourner la place ?

Il existe en France et près de Paris même, des barreaux dont es règles sont différentes et qui, tolérant chez eux l'exercice de

(1) Sirey. 53. 1. 113.

l'action, admettraient volontiers sans doute, sur leur tableau, l'avocat rayé à Paris pour une infraction aussi légère à leurs yeux, et, dès lors, grâce à l'ordonnance du 27 août 1830, que pourrait il arriver? Il pourrait arriver ceci : l'avocat disgracié à Paris mais admis ailleurs sur un tableau, n'en plaiderait pas moins à Paris même et on pourrait l'y voir, aussitôt après la radiation, plaider contre ses juges qui l'auraient rayé la veille peut être et sur le pied d'égalité avec eux!...

Cette considération devrait, ce semble, faire impression sur le barreau de Paris lui-même et le décider, s'il n'était pas trop prévenu, à accepter une transformation pacifique qui peut sortir, après des violences inutiles, et des disgrâces affligeantes, et des résistances désespérées, de l'excès même de ses rigueurs ; qui peut lui être imposé tôt ou tard par l'invasion inattendue d'avocats mécontents et par la sympathie de quelques dévoués complices travaillant de concert à venger les affronts des premiers ; qui peut même provoquer l'intervention des magistrats d'appel, plus efficace que celle de la cour suprême qui a été impuissante là où une cour souveraine aurait un champ plus vaste et pourrait user de son omnipotence dans une affaire présentée habilement en fait sous les couleurs les plus favorables.

Qu'on y prenne garde, de pareilles représailles sont possibles tant que l'unification à laquelle M. Mollot (1) a travaillé avec ardeur, ne sera pas consommée dans le sens de ses vœux qui sont dans le sens des règles du barreau de Paris et, tant que ces règles ne sont pas devenues le *critérium* unique de vérité à l'usage de tous les barreaux français, ce qu'à Dieu ne plaise !...

Car, osons le dire, ces règles que je voudrais voir édulcorer, n'ayant pas le pouvoir de les changer de fond en comble ; ces règles, déjà si meurtrières au temps de Linguet ; ces règles se trouvent maintenant relativement plus dures qu'en 1786 ; car, alors, on vit des magistrats du parquet, pleins de compassion pour des avocats indigents (2), conclure pour leur faire allouer des honoraires en souffrance ; on vit le Parlement de Paris condamner d'office des clients en retard ; mais, aujourd'hui, avec nos lois de procédure, avec la défense faite aux tribunaux de juger *ultrà petita*, comment tenter d'obtenir, à Paris, pour les avocats

(1) Mollot, *règles de la profession d'avocat passim.*

(2) Brillon v° AVOCAT; Dalloz ainé même mos et Merlin, *Rép.* v° LAIBES

relégués dans d'humbles mansardes, le pain quotidien que des ingrats peuvent leur disputer, s'ils sont toujours réduits à l'impossibilité de se défendre eux-mêmes ?

Voyons toutefois si, comme paraît le soutenir M. Mollot, l'usage adopté par le Parlement de Paris, au 18me siècle, a absorbé les usages des barreaux dissidents et se trouve absolument le seul remis en vigueur par le fait de l'ordonnance de 1822.

C'est sinon le dernier point, du moins un point fort délicat qui nous reste à examiner.

EXERCICE

DE

L'ACTION DE L'AVOCAT POUR HONORAIRES

QUATRIÈME PARTIE.

PROVINCES FIDÈLES A LA TRADITION ROMAINE ET FAVORABLES A L'EXERCICE DE L'ACTION,

Pendant que des esprits abusés se laissaient entraîner au courant des idées qui devaient, en se consolidant, former l'usage, un usage relativement moderne comme nous l'avons établi, un usage qu'on a pourtant appelé plus tard, par un anachronisme évident, l'*ancien usage du barreau de Paris*, des esprits plus prévoyants et, disons le, fidèles aux saines traditions, savaient résister à cet entraînement. Ils gardaient ainsi les vraies traditions du pays. Ils conservaient, en gardiens exacts et transmettaient, à leurs héritiers, le dépôt des usages les plus authentiques tirés du droit romain, du droit de Justinien tout au moins, observés autrefois en pays coutumier aussi bien qu'en pays de droit écrit, acceptés partout où les émanations des pays du droit écrit avaient passé jusque dans le Nord pour y former nos vieux us, des us si vieux qu'on pourrait les appeler préhistoriques.

Là, l'avocat exerçait l'action pour honoraires avec tous les ménagements sans doute, toute la dignité, toute la lenteur, tous les égards désirables, mais enfin il l'exerçait. Personne n'en était scandalisé pas plus que de la demande d'honoraires entreprise par le médecin, ou la demande de son casuel formée à son corps défendant par le prêtre contre ceux qui lui disputaient cette maigre rétribution.

Parmi les provinces du midi où l'action de l'avocat s'exerçait librement, citons en trois : le Dauphiné, la Provence et la Guyenne. L'invasion des idées mercantiles était à craindre n'est-ce pas et, avec l'amour du lucre, était à craintre aussi l'abaissement du caractère au barreau. Eh bien ! le résultat contraire s'y produisit. Nulle part, en effet, le culte des idées chevaleresques ne fut plus en honneur, nulle part le barreau ne jouit de plus de distinction que dans le Parlement de Grenoble, où l'avocat était anobli de plein droit par son passage au barreau.

L'avocat du Dauphiné avait pourtant son droit à l'action inscrit dans la loi locale en termes très-clairs dès le temps où sa province fut annexée à la France, et, en fait, il en usait encore trois et quatre siècles plus tard.

Ainsi, l'annexion eut lieu par la cession du Dauphin Humbert II, à Philippe de Valois ; préparée dans le traité de 1344, elle fut consommée dans le traité définitif de 1348 Le statut Delphinal, qui intervint vers la fin du siècle, contient un titre spécial : *de salariis advocatorum* et que porte-t-il sur l'honoraire? *Stabitur arbitrio judicis secundum laborem et facti qualitatem ac advocati facundiam.*

Et si le juge a mission pour régler, on peut le saisir. La juridiction du juge reconnue est la reconnaissance au moins virtuelle du droit de l'avocat, qui découle, comme conséquence forcée, de l'institution même de la juridiction du magistrat. Si le magistrat est chargé de juger, on peut évidemment recourir au juge : l'action existe puisqu'elle peut être mise en mouvement. La conclusion est forcée.

Ainsi, en 1399, date du statut et, selon toute apparence, au moment de l'abandon du Dauphiné, ou même avant l'annexion, l'action de l'avocat était reconnue ou confirmée ; mais elle a été établie au plus tard par la législation de la fin du 14me siècle et confirmée depuis par les ordonnances spéciales de nos rois.

Maintenant quel en a été le sort ? Le voici :

Un commentateur de Guy Pape, Chorier, rapporte plusieurs arrêts, un du 27 avril 1633, un autre du 10 mai 1644, un troisième du 7 septembre 1666, enfin un quatrième du 11 juin 1668 qui décident que *l'action de l'avocat* n'est pas de deux ans ; qu'elle a trente ans de durée ; ces décisions sont exclusives de toute interdiction de l'exercer. A partir de là, il ne pouvait s'élever le plus petit nuage sur le fonds du droit, ni à Grenoble, ni dans le ressort de son Parlement.

D'un autre côté, si les fonctions de l'avocat anoblissaient à Grenoble, comme on l'a vu, l'action n'opérait pas dérogeance et ne ravalait pas le barreau.

A Aix, l'exercice de l'action était un droit reconnu à l'avocat et, dans un pays essentiellement aristocratique par ses mœurs, la pratique du barreau et la dignité du caractère étaient pourtant parfaitement compatibles.

Là et ailleurs, le magistrat, type de délicatesse, de dignité et d'honneur, conservait toute son estime à l'avocat armé du droit d'action.

Un Parlement en particulier se distinguait autrefois en France entre tous les grands corps de justice, par l'estime qu'il portait aux avocats de son ressort; ce Parlement était celui de Bordeaux. Voici ce que rapporte un des auteurs dont les travaux restés populaires ont fait et font toujours autorité dans ce ressort : « Quelque excessifs que paraissent aux parties les hono- » raires de ces Messieurs (les avocats), le parlement a assez » d'égards envers la compagnie *pour ne les modérer jamais*. On » trouve plusieurs arrêts qui ont rejeté les plaintes à ce sujet sans » examiner si elles étaient fondées. » Ainsi s'exprime Salviat. (1)

Toutefois les clients n'étaient pas sans recours contre les abus; mais les magistrats laissaient, au barreau lui même, le soin de les redresser : « Le plus sur, ajoute Salviat après le passage cité, » le plus sur est de s'adresser à la compagnie même qui s'em- » pressera toujours de rendre justice à qui elle sera dûe. »

Eh bien, l'usage Bordelais, si honorable pour le barreau, est-il maintenu, oui ou non ?

Voilà l'usage, à l'ombre duquel s'est formé cet ancien barreau si instruit, si estimé, qui a rendu tant de services à nos pères, dont le souvenir vit encore dans la mémoire des hommes de notre temps ; qui a formé par ses savantes leçons et par ses rares exemples, ce barreau moderne, ce barreau où ont resplendi tour à tour dans tout leur éclat, les Teyssier, les de Serre, les Lainé, les Gay de Martignac père et fils, les de Sèze, le nom de Ravez *l'oracle du midi*, ceux des de la Seiglière, des Dufaure, des Vaucher et

(1) La *Jurisprudence du parlement de Bordeaux*, V° AVOCAT, *in fine*, tome 1er de l'édition in-4° de 1824, p. 138.

de tant d'autres, noms vénérés, aimés et admirés des contemporains.

Ce sont là des noms respectés et, s'il faut des preuves éclatantes qui démontrent que les caractères n'avaient pas baissé dans le pays où l'action s'exerçait, voilà des témoins certificateurs rassurants!...

Eh bien ! nous le demandons, cet usage est-il ou non maintenu par l'ordonnance du 20 novembre 1822 ?

Son article 45 porte textuellement: « Le décret du 14 décembre » 1810 est abrogé. Les usages *observés dans le barreau relative-* » *ment aux droits et aux devoirs des avocats dans l'exercice* » *de leur profession sont* MAINTENUS. »

De quel *barreau* s'agit-il, je le demande ? *De celui de* Paris, dit M. Mollot.—Et où la preuve ? — On allègue et on ne fournit pas de preuve. Il la fallait pourtant la preuve de cette restriction; il la fallait claire et certaine, parce que jusque là, elle est tout-à-fait invraisemblable.

Quand l'auteur du projet d'ordonnance, a voulu qu'on se conformât aux usages de Paris, *pour la composition du conseil de l'ordre* spécialement, qu'a-t-il fait ? Il n'a pas déguisé la préférence qu'il a crue et que les conseillers dont il s'est entouré ont trouvée la meilleure ; il a accentué ses sympathies avant de les faire passer dans ses *règles* et, du reste, voici comment il s'en explique ; on lit en effet dans l'exposé des motifs de M. de Peyronnet, alors garde des sceaux, auteur de l'ordonnance : « Non » content des observations que j'avais faites moi-même, j'ai » soigneusement comparé toutes celles qu'ont bien voulu me » fournir des hommes habiles auxquels de longues études ont » rendu toutes législations familières. J'ai rassemblé près de » moi des *magistrats blanchis dans les exercices du barreau* » et pour qui les fonctions publiques n'ont été que la récompense » des longs succès qu'ils avaient obtenus dans cette carrière ; j'ai » interrogé des *jurisconsultes pleins de savoir et d'expérience* » *en qui vivent encore toutes les traditions qui leur ont été* » *transmises dans leur jeunesse* et qui sacrifieraient plutôt leur » intérêt et leur propre gloire que ceux de l'ordre au milieu » duquel leur honorable vie s'est écoulée. J'ai recueilli leurs » vœux et j'ai médité leurs conseils (je n'hésite pas à le dire, sire); » ce réglement nouveau que je vous apporte, est leur ouvrage

» plutôt que le mien. Ce sont eux qui m'ont indiqué la plupart » des modifications que je soumets à l'approbation de votre majesté. » *C'est à eux* surtout que *je dois l'utile pensée* de REMPLACER » PAR LES FORMES EMPLOYÉES DANS L'ANCIEN BARREAU DE PARIS, LE » MODE D'ÉLECTIONS ÉTABLI PAR LE DÉCRET DU 14 DÉCEMBRE 1810. »

Si l'usage de Paris avait été adopté réellement pour l'exercice de l'action, qu'aurait fait M. de Peyronnet ? Il l'aurait exprimé comme il l'a fait pour les élections, tout le fait présumer Au lieu de cela, il s'est borné à opter pour le mode d'élection suivi anciennement à Paris; les choses sont donc restées dans l'ancien état quant à l'action et à l'exercice de l'action : *qui de uno dicit, de altero negat.*

Pourquoi, en ce qui touche *l'exercice de l'action*, se fut-il séparé de l'usage suivi à Bordeaux, lui, M. de Peyronnet, ancien avocat à la cour de Bordeaux ? S'il s'était cru obligé de faire le sacrifice de traditions qui devaient pourtant lui être chères ou du moins à quelques-uns de ses conseillers, il s'en serait assurément expliqué!.. Au lieu de cela, il a cédé, dit-il, aux conseils *d'hommes habiles auxquels de longues études ont rendu toutes les législations familières,* des jurisconsultes pleins de savoir et d'expérience en qui vivaient toutes les traditions de leur jeunesse et qui ne pouvaient ignorer que la tradition Bordelaise, par exemple, sur l'exercice de l'action, plongeait, par ses plus profondes racines, jusqu'à la loi Romaine parvenue à sa dernière perfection; qu'elle avait fait ses preuves depuis quinze cents ans et plus, et qu'elle avait mérité et obtenu les faveurs de la justice!... Il a interrogé des *magistrats blanchis dans l'exercice du barreau, pour qui les fonctions publiques étaient la juste récompense de leurs succès dans la carrière*, l'illustre de Seze père sans doute et Ravez, l'érudit, le judicieux Ravez; le premier défenseur de Louis XVI, premier Président à la cour de cassation ; l'autre placé à la tête de la cour de Bordeaux, ancien président de la Chambre des Députés, Ministre d'état et membre du Conseil Privé; les deux, compatriotes de M. de Peyronnet, qui lui auraient rappelé l'ancien usage du bordelais s'il l'avait oublié, ou l'auraient défendu s'il avait voulu l'attaquer et mettre à néant. Le silence en ce point essentiel est significatif; il annonce que cet usage précieux n'est pas mis à l'écart par tant de personnages réfléchis, expérimentés, amis du passé, tous ayant appartenu au barreau de leur pays.

Enfin, le texte maintient les *usages du barreau*.... De quel *barreau* ? Du *barreau* pris dans son sens générique ; de sorte que les usages conservés, doivent s'entendre dans l'acception la plus large et comprendre les usages de tous les barreaux, maintenus pour chacun le sien.

Les Cours situées sur le territoire de l'ancien Parlement, du moins celles qui ont eu à se prononcer sur la question, ont au surplus entendu l'ordonnance en ce sens, en accueillant l'action pour honoraires ; la cour de Limoges qui l'a accueillie, l'avoué agissant pour l'avocat et la cour de Bordeaux dans des affaires où l'avocat lui-même avait été de l'avant. Cette cour a rendu trois arrêts favorables. Devant le dernier, les autres s'effacent. Il est rendu *toutes Chambres réunies* et, pour le fond, il mérite une mention à part ; car il venge à la fois le système de *l'exercice de l'action* de toutes les critiques qu'il soulève et frappe, après avoir visé au plus juste, des coups vigoureux sur le système suspect des provisions. Nous insistons sur ce passage substantiel auquel on ne pourrait rien retrancher sans lui nuire en énervant jusqu'à la doctrine qui s'y trouve établie solidement.

« Attendu que les *avocats ne sont tenus de* prêter gratuite-
» ment leur ministère que dans les cas où la loi leur en fait un
» devoir, devoir qu'ils remplissent toujours avec empressement;
» que, hors de là, ils ont, comme tous les autres citoyens le droit
» d'exiger la juste rémunération de leur travail ; que ce droit
» peut d'autant moins leur être aujourd'hui contesté que la loi
» les assujettit à la patente..., qu'elle leur doit donc protection
» pour le recouvrement de ces honoraires ; — Attendu que
» *l'action qu'ils forment à cet effet, n'étant que l'exercice*
» *d'un droit parfaitement légitime*, NE SAURAIT LES EXPOSER
» A UN BLAME, A UNE PEINE DISCIPLINAIRE, pourvu qu'ils n'en
» fassent pas un abus contraire à la dignité de leur profes-
» sion ; — Que, sans examiner si l'ancien usage, d'après
» lequel les *avocats qui intentaient une action pour leurs*
» *honoraires encouraient la censure de leurs pairs et la radia-*
» *tion du tableau*, AVAIT UN FONDEMENT RAISONNABLE, *il est certain*
» QU'IL N'EST PLUS EN HARMONIE AVEC NOS LOIS ET AVEC NOS MŒURS ;
» qu'on ne saurait trop honorer l'avocat qui prête au bon droit
» un appui désintéressé, et, sans rien exiger de ses clients, se borne
» à recevoir le tribut spontané de leur reconnaissance ; mais
» qu'une TELLE GÉNÉROSITÉ NE PEUT ÊTRE ÉRIGÉE EN

» RÈGLE et QU'EN IMPOSANT SILENCE A DE JUSTES RÉCLAMATIONS
» ON SUSCITE DES PRATIQUES OCCULTES BIEN PLUS
» FACHEUSES POUR LES JUSTICIABLES ET POUR L'HONNEUR DU BARREAU ; QU'IL VAUT BEAUCOUP MIEUX QU'UN AVOCAT S'ADRESSE FRANCHEMENT AUX TRIBUNAUX *pour avoir justice de l'ingratitude d'un client que s'il avait recours à des moyens détournés*, S'IL EXIGEAIT D'AVANCE, DU PLAIDEUR QUI ATTEND DE LUI LE TRIOMPHE DE SA CAUSE, UN SACRIFICE QUE CELUI-CI N'OSERAIT NI REFUSER NI DÉBATTRE.... » — Bordeaux, 10 avril 1861 (Sirey, 61,2,530).

Ces raisons de décider sont concluantes, disons même irrésistibles. On ne peut mieux dire, ni en moins de mots.

Voilà donc rehabilitée la tradition Bordelaise et un peu compromise dans son éclat d'emprunt celle que la provision rend si chère, disons-le, au barreau de Paris ; dont les apparences sont pour la gratuité et recouvrent parfois, ou peuvent favoriser l'habitude de corsaire, *piraticum morem* dont parle Quintillien.

La conclusion se dégage toute seule maintenant.

L'exercice de l'action en paiement d'honoraires est aussi légitime pour les travaux de l'avocat que pour les produits de l'intelligence en général. Quand elle est mise en mouvement contre des clients ingrats qui oublient que leur fortune, leur vie et leur honneur sont sauvés par la parole sympathique, la science, l'habilité que leur protecteur dévoué a mis à leur service, il ne devrait s'élever de répugnance, d'indignation que contre les méprisables imitateurs du duc d'Aiguillon, dans ses rapports avec Linguet, tout comme si, après une disette on voyait le père de famille, arraché, avec tous les siens, à la famine, disons à une mort certaine, par un prêteur charitable, on le voyait répondre au bienfait par des moyens dilatoires, ou des moyens plus vils encore, les déchéances ou la prescription.

L'avocat qui n'actionne pas et qui, pour n'avoir jamais à le faire, impose d'avance une rançon calculée au hasard à celui dont il doit défendre les plus chers intérêts, est un hypocrite et un fanfaron de gratuité. Aux yeux du moraliste guidé par l'esprit de discernement, de sage et clairvoyante critique, il n'échappera, par des combinaisons artificieuses, aux mesures disciplinaires dans les ressorts qui les maintiennent, que pour mériter la réprobation instinctive des gens de bien.

Honneur donc aux barreaux qui ne poussent pas leurs membres dévoyés à des extrémités pareilles ! Honneur à ceux qui, pour conserver à chacun le sien, laissent à chacun son recours pour en user modérément, pour en user avec une dignité plus vraie que celle qui se drape avec affectation dans les plis de son manteau, en affectant une générosité plus apparente que réelle.

EXERCICE

DE

L'ACTION DE L'AVOCAT POUR HONORAIRES

CINQUIÈME PARTIE.

EXERCICE DE L'ACTION : 1° DANS LES PROFESSIONS LIBÉRALES AUTRES QUE CELLE D'AVOCAT ET 2° DE CELLE D'AVOCAT AILLEURS QU'EN FRANCE.

I.

L'avocat exerce une profession libérale qui le porte à la pratique de toutes les vertus, surtout de celles qui ennoblissent le plus le caractère ; mais enfin cette profession est le plus souvent toute sa fortune ou du moins la source principale de sa fortune. C'est elle qui le soutient, lui et sa famille. Par conséquent, lui interdire de se faire payer l'honoraire, c'est-à-dire le fruit de son travail, paraît une anomalie exorbitante, un abus cruel, un véritable excès à combattre pour le faire disparaître.

Nous le tentons ici en procédant par comparaison.

Nous commençons à réprimer l'exagération où est tombé le barreau de Paris en comparant sa conduite à celle des hommes qui vivent dans d'autres professions libérales, qui y vivent honorables et respectés.

Nous continuerons et nous compléterons notre tableau en donnant, pour dernier terme de comparaison, les autres barreaux chez les peuples voisins.

SECTION 1re.— PROFESSIONS LIBÉRALES QUI ADMETTENT L'EXERCICE DE L'ACTION EN PAIEMENT D'HONORAIRES.

Toutes les professions libérales admettent l'exercice de l'action, absolument toutes.

Citons :

1° L'homme de lettres ;

2° Le prêtre ;

3° Le médecin.

Ils ont à leur portée, quand il faut, une action pour arriver au recouvrement du produit de leurs œuvres après avoir vaincu au besoin les résistances injustes qu'ils ont pu rencontrer, en cherchant à mettre à profit le fruit de leur talent, aussi légitime assurément que le fruit du travail de l'industriel laborieux ou les économies de l'agriculteur vaillant et rangé.

§ 1er. — L'HOMME DE LETTRES.

Les lois édictées de notre temps sur la propriété littéraire ont développé et fait grandir le droit lui-même ; en ont assuré la transmission à la veuve de l'auteur, à ses héritiers et l'ont régularisée (1). Par conséquent le terme de comparaison qui nous occupe ici, a plus d'importance que jamais.

§ 2e. — LE PRÊTRE.

Le droit d'action pour le casuel, à concurrence du chiffre porté dans le tarif diocésain, est inscrit dans l'article 69 des articles organiques.

§ 3e. — LE MÉDECIN

La loi 1re au Digeste *de extraordinariis cognitionibus* n'a oublié ni l'avocat ni le médecin. Le § 3 donne à celui-ci le droit d'action, tandis que le premier trouve le principe du sien dans le § 10.

(1) V. la loi du 14 juillet 1866.

L'article 125 de la coutume de Paris confirme aussi le droit d'action pour le médecin, maintenu, pendant le délai d'un an, dans toute sa force par l'art. 2272 du Code civil.

Eh bien, à ceux qui craignent que, dans l'exercice de l'action, l'avocat ne compromette sa dignité et ne s'oublie, dans le feu de la discussion avec le client, jusqu'à divulguer le secret professionnel, je leur demanderai si le médecin, tenu lui aussi au plus profond secret envers ses malades, n'est pas exposé au même danger et si la dignité du prêtre ne court pas de risques dans la défense de son mince casuel ; mais, ces inconvénients tels quels sont des nécessités à subir de peur d'un pire.

Voyons d'ailleurs ce qu'en pense la sagesse des peuples qui nous entourent ; ils vont faire connaître leur opinion exprimée dans le parti que les barreaux de ces divers pays ont pris en optant pour ou contre l'exercice de l'action.

SECTION 2me. — EXERCICE DE L'ACTION EN PAIEMENT D'HONORAIRES PAR LES AVOCATS, A L'ÉTRANGER.

I.

Après un exposé doctrinal des règles tirées de la Législation Justinienne, que nous avons eu l'occasion de citer, Voët nous apprend que l'action de l'avocat pour honoraires avait passé dans les mœurs et était autorisée en Hollande, en Belgique, dans le Brabant et chez les Flamands. Les anciennes *Instructions des Cours* de ces diverses provinces, conformes au placard de Charles-Quint, étaient toutes favorables à l'action, à l'époque où vivait le célèbre commentateur des Pandectes (1). Merlin confirme l'enseignement et y ajoute en disant : « Le Parlement de Douai, le » Conseil souverain de Brabant, le Conseil souverain de Mons, et » le grand Conseil de Malines donnaient également action aux » avocats pour leurs honoraires et cela ne pouvait pas être autre» ment puisque le placard de Charles-Quint, du 4 octobre 1540, » renfermait absolument la même disposition que l'art. 13 du

(1) Au XVIIe siècle et au commencement du XVIIIe siècle ; Jean Voët est mort en 1714.

» chapitre 18 de l'ordonnance de François Ier, du mois d'octobre » 1535... (1) »

Toutefois les honoraires s'y réglaient d'après des tarifs spéciaux à chaque juridiction et ils étaient à la charge de la partie condamnée aux frais : *expensæ lites*, dit Christyn, auteur néerlandais, *expensæ lites sunt* SALARIA ADVOCATORUM, et *procuratorum* (2). Les avocats néanmoins ne pouvaient dépasser le tarif (3) excepté dans les procès des villes, des corporations de toutes espèces, et des abbayes, où ils pouvaient aller *jusqu'au double*, d'après les chartes des pays et comté de Hainaut (4).

L'ordonnance d'Albert et d'Isabelle, du 13 avril 1604 (5), réglant le style et la manière de procéder au Conseil souverain ordonné en Brabant, autorisait aussi à excéder le tarif dans les *affaires extraordinaires*, avec *l'autorisation du Conseil ;* mais la surtaxe ne retombait pas sur la partie qui avait succombé; elle restait pour le compte de la partie qui avait employé l'avocat.

Dans les affaires ordinaires, le greffier taxateur réglait les honoraires et, en cas de contestation, celui-ci en référait au rapporteur de la cause. La taxe du greffe était sujette à révision et la révision avait lieu sur simple requête présentée à la Cour. (6)

II.

Le droit de l'avocat à l'exercice de l'action n'a fait que prendre plus de consistance en Belgique pendant son annexion passagère à la France , par l'adoption en particulier du décret du 14 dé-

(1) Merlin, Répertoire V° HONORAIRES, § 3, *in fine.*

(2) De Ghewiet p. 245; dans la *Belgique judiciaire*, tome XXIV, année 1866, p. 1329, principalement 1324, *in fine*. V. le discours de M. de Bavay sur les *réglements judiciaires d'autrefois* v. aussi Duchaine et Picard, *Manuel pratique* n° 136.

(3) Duchaine et Picard, Manuel pratique de la profession d'avocat, d'après Tuldenus. Lib. 3, t. 16.

(4) Duchaine et Edmond Picard, *Manuel pratique* de la *profession d'avocat en Belgique*, d'après de Ghewiet, p. 4, t. 1, art. 5 et Jottrand p. 24 (p. 153).

(5) Chap. 11.

(6) Résolution des chambres assemblées de Flandre, du 23 juin 1689.

cembre 1810 qu'elle a conservé jusqu'à nos jours dans toute sa vigueur (1).

Dans la pratique néanmoins, l'avocat Belge, disons-le, n'en use qu'avec beaucoup de circonspection et après avoir épuisé tous les moyens de conciliation à sa portée. Il n'en est pas moins armé du droit *à l'exercice de l'action* et on le sait ; c'en est assez pour lui épargner bien des ennuis et les difficultés les plus sérieuses.

III.

L'Autriche a, dans son Code civil, la consécration formelle de l'action et la reconnaissance au moins virtuelle du droit d'un recours pour l'avocat.

« Celui qui commande un ouvrage, porte l'article 1152, est » toujours présumé *avoir consenti à allouer un salaire qui,* » FAUTE DE CONVENTION, SERA FIXÉ PAR LE JUGE. »

En général et sauf l'exception posée dans l'article 1156, on ne peut, pour un ouvrage dont on s'est chargé, se faire payer de son travail avant qu'il soit achevé, mais seulement après l'achèvement de l'œuvre ; l'œuvre étant parachevée, il est reconnu que l'action en paiement est implicitement ouverte et qu'elle peut être mise sur le champ en mouvement.

Tout cela est vrai des œuvres de l'esprit comme des œuvres matérielles; car, après la série des dispositions contenues dans le chapitre XXVI (sous la rubrique: LOUAGE D'OUVRAGE), auquel appartiennent les dispositions que nous venons de citer et d'analyser, l'article 1136, qui en dépend aussi, ajoute : « *ces* » *dispositions s'appliquent aussi* AUX AVOCATS. »

Conséquemment, les avocats ont la faculté d'exercer l'action en paiement de leurs honoraires, que les articles 1152-1156 donnent pour toute espèce d'ouvrage; seulement, ils sont tenus d'attendre jusqu'à la fin de la campagne qui peut être longue et laborieuse; ce qui exclut la perception d'à-comptes et de provisions, comme on l'a vu plus haut. Cette disposition exorbitante est particulière au code autrichien; on ne la retrouve pas ailleurs.

(1) Duchaine et Edmond Picard, *Manuel pratique de la profession d'avocat en Belgique*, nos 139, p. 155 et s.

IV.

L'action est aussi reconnue et exercée par l'avocat en Prusse et dans tous les Etats allemands, comme l'a signalé à mon attention, dans sa correspondance avec moi, M. Rivier, ancien professeur de droit en Suisse et à Berlin, qui jette en ce moment un vif éclat par son enseignement et par ses livres, dans la Faculté de Bruxelles où il professe actuellement.

V et VI

Nous la retrouvons consacrée ou plutôt rajeunie par des lois ou réglements récemment publiés dans le royaume d'Italie (1) et en Espagne (2) où les *Colléges*, *Corporations* ou *Juntes d'avocats* sont régis par la loi organique des tribunaux qui est leur lien commun, tout en vivant cependant dans une mutuelle indépendance grâce à leurs statuts particuliers.

En Espagne, tout plaideur a, pour le représenter, un *procurador* faisant l'office de notre avoué et, pour le défendre, un avocat.

Le *procurador* se charge en général de faire rentrer les honoraires de l'avocat et de les payer.

Celui-ci, de son côté, a le droit de poursuivre directement et, quand cela lui convient, il poursuit le paiement des honoraires qu'on lui fait attendre ou qu'on lui dispute, sans par là manquer à la dignité professionnelle.

L'avocat espagnol peut convenir, avec le client, du mode et de l'époque du paiement.

Régulièrement, il ne peut les exiger que lorsqu'ils sont acquis et non d'avance; mais, il lui est loisible de les toucher au fur et à mesure qu'ils lui sont acquis; ou bien il attend que tout soit terminé. Après l'échéance, les poursuites ont lieu sans qu'il y ait à craindre de blesser, par cette démarche rigoureuse, même la fierté castillanne la plus susceptible, chez un peuple qui pour-

(1) Décret royal du 23 décembre 1865, n° 2700 et loi du 8 juin 1874 sur *l'exercice de la profession d'avocat*,

(2) L. Organique des tribunaux du 15 septembre 1870 et statuts locaux.

tant passe pour avoir de la morgue. C'est ce que m'assure un des professeurs de l'école des ingénieurs des monts, à l'Escurial, M. Carlos Castel qui a bien voulu me piloter pour les recherches à faire dans son pays et qui l'a fait avec une complaisance toute particulière.

VII.

La Russie ne connaissait pas l'institution des avocats avant l'année 1864. Une loi du 20 novembre de cette année a introduit, dans ce grand pays, de précieuses institutions :

Les justices de paix ;
Les tribunaux d'arrondissement ;
Les cours judiciaires ;
La juridiction du jury en matière criminelle ;

Enfin, désirant compléter le système judiciaire sorti de ce mouvement rénovateur et lui imprimer un caractère essentiel d'unité, de régularité et de durée, le législatenremoderne a placé, au sommet de la hiérarchie et comme clef de voûte de tout le système, le Sénat établi en quelque sorte comme l'unique et suprême cour régulatrice ayant la mission et les pouvoirs les plus étendus d'une véritable Cour de Cassation.

Puis encore, l'inamovibilité des juges établie à tous les degrés excepté dans les justices de paix où la magistrature est élective et temporaire, l'inamovibilité est et reste, pour l'indépendance et l'impartialité des magistrats russes, à tous les degrés, une garantie précieuse qu'on ne pourrait leur disputer du reste sans menace de la faire perdre du même coup aux justiciables.

En donnant, à l'empire, de nouvelles règles de procédure accommodées aux besoins du temps, la loi de 1864 dût en même temps introduire une autre institution, celle *des avocats* et elle le fit.

L'avocat, en Russie, est chargé de représenter et de défendre les parties qui plaident entr'elles; mais, son ministère n'est ni forcé, ni absolument obligatoire. Aussi, pour que sa mission soit régulière quand il intervient dans un procès, faut-il qu'il y ait une constitution expresse du client.

La mission de l'avocat n'est pas purement gratuite. Par conséquent, si elle se rapproche sous certains rapports du mandat, elle s'en éloigne à certains égards et se rapproche alors, comme en Autriche, du louage, avec des différences pourtant plus ou moins caractérisées.

Les avocats russes vivent en corporation. La corporation en Russie est représentée par un conseil attaché à la Cour. Ce conseil est composé d'un président, d'un vice-président et de cinq à quinze membres, suivant l'importance des groupes. La constitution en est déterminée par la loi ; mais, l'institution est purement facultative et dépend de la Cour. Quand la cour l'autorise, l'organisation a lieu à la majorité des voix des membres qui composent le groupe, au scrutin secret. Le scrutin a lieu en assemblée générale présidée par un conseiller pris dans le sein de la Cour d'Appel, s'il y a pour la première fois à instituer le conseil, mais non pour le renouveler annuellement par la suite.

En certains cas, la loi autorise à fractionner le conseil pour ériger, dans les villes du ressort de la Cour, des sections dont le besoin se fait sentir.

S'il était nécessaire d'entrer dans les détails, nous ferions connaître les conditions de moralité et d'instruction requises pour être admis dans les barreaux moscovites ; mais pour nous renfermer dans ce qui touche directement à notre sujet, disons que rien, en Russie, ne gêne l'avocat dans l'exercice de l'action en paiement des honoraires que lui doivent ses clients pour les travaux de sa profession soit dans son cabinet, soit devant les différents corps judiciaires où il s'est présenté et a soutenu les intérêts en litige du client.

Ce sont là les notions que j'ai recueillies sur le barreau de Russie et que je dois à un avocat d'origine polonaise, M. Falkowski, ancien professeur de droit à l'université de Moscou, qui occupe, dans cette ville, une des plus hautes positions au barreau attaché à la cour judiciaire de la seconde capitale de l'Empire, et qui, ayant appris par deux de mes compatriotes les études comparées que j'avais entreprises, a mis sa science à ma disposition avec un empressement infini et une grâce charmante.

VIII.

En 1829, la famille d'Orange-Nassau fut victime, à Bruxelles, d'un vol de diamants de valeur de plusieurs millions. Les malfaiteurs, porteurs des richesses dérobées, avaient franchi les mers et s'étaient réfugiés aux Etats-Unis. La république, voulant accroître sa population, y procède un peu comme faisait Rome à son origine en offrant un asile constamment ouvert et inviolable à tout émigrant; mais, pour l'action civile, il y a toutefois libre carrière ouverte aux réclamans : Un avocat de New-York s'était chargé de la direction du procès que les princes d'Orange avaient engagé devant les juges américains, pour se faire rendre justice. A la suite de ce procès, ne pouvant pas s'entendre de gré à gré, avec les parties intéressées, sur le chiffre réel de l'honoraire qu'il fixait à 42,000 dollars et réduit à cette extrémité, que fit leur avocat ? Le 2 janvier 1850, il présenta, au congrès, une requête afin d'obtenir l'intervention même armée de son pays pour avoir, par là, raison du refus de la famille d'Orange (1). Ce n'était pas y aller de main morte comme on le voit et c'était bien là exercer l'action pour honoraires et, en voulant l'exercer ainsi, c'était bien là en tous cas, de l'exercice du droit d'action, la manifestation la plus éclatante qu'on puisse rencontrer.

Nous n'avons rien dissimulé des difficultés de notre tâche ; en commençant, nous avons compris au contraire combien nous avions de périls à affronter en nous mettant en présence des usages du barreau de Paris dont le rayonnement s'étend au loin, assez pour y éblouir et égarer bien des esprits. En osant nous placer en travers pour en combattre la tendance, nous avons senti le besoin de creuser un peu bas voulant asseoir notre système contraire sur de larges et profondes assises et les rendre ainsi solides et durables.

Ce n'était pas assez d'avoir veillé à ces travaux de substruction avec des soins infinis, nous les avons étendus jusque dans le cou-

(1) Belgique judiciaire. V. 1815, p. 111.

ronnement de l'édifice et nous nous sommes attaché à y montrer, dans les tendances que nous avons rencontrés chez tous les peuples.une manifestation favorable à l'épanouissement de nos idées.

Nous ne croyons pas avoir trop fait; puissions nous après tant d'efforts avoir fait assez pour en assurer le succès!!!

TABLE ANALYTIQUE DES MATIÈRES

TROISIÈME PARTIE

QUATRIÈME PARTIE

CINQUIÈME PARTIE

DOUAI, IMPRIMERIE, L. CRÉPIN.

www.ingramcontent.com/pod-product-compliance
Ingram Content Group UK Ltd.
Pitfield, Milton Keynes, MK11 3LW, UK
UKHW021202220726
13924UKWH00003B/1282

9 782019 278304